6 Milch und Joghurt im Glas kaufen.

7 Gläser für flüssige oder feine Lebensmittel einpacken, um Getränke oder Mehle einzukaufen.

8 Verpackungen recyceln: Das alte Marmeladenglas eignet sich zum Einkaufen genauso gut wie der hübsche Schuhbeutel. Einfach nach kreativen Lösungen suchen, statt neu anzuschaffen.

9 Immer eigene Taschen und Körbe zum Einkaufen nutzen.

10 Mahlzeiten im Voraus planen, um unnötige Einkäufe zu vermeiden.

SABINE HAAG

UNVERPACKT EINKAUFEN

KREATIV AUFBEWAHREN

TIPPS, TRICKS UND DIY-PROJEKTE RUND UM VERPACKUNGSFREIE LEBENSMITTEL

INHALT

Einleitung.................................... 8
    Die orangefarbene Brotdose 8
    Von UFOs und Test-Bastlern 9

Der perfekte Einkauf..................... 10
    Die eingeschweißte Kiwi 11
    Stufe 1: Verpackung sparen
    im 08/15-Supermarkt 12
    Stufe 2: Der Einkauf auf dem Markt
    oder im Bioladen............................ 13
    Stufe 3: Die Königsdisziplin –
    der Unverpackt-Laden 13

UNVERPACKT EINKAUFEN   14

Ich gehe einkaufen ... und nehme mit: 14

Welche Gefäße brauche ich tatsächlich zum Einkaufen?......................... 16
    Für Einsteiger: Netz für Obst und Gemüse . 17
    Selbstverständlich:
    Die eigene Einkaufstasche................. 17
    Krümelig und körnig:
    Rein in Beutel und Säckchen 18
    Tierisch kalt:
    Hygienisch muss es sein....................19
    Leise rieselt 20
    Die Speziellen:
    Eiskalt und empfindlich.................... 20

Getränke 21

NETZE STATT PLASTIKTÜTEN
IM SUPERMARKT............................ 22
FALTBARE TASCHEN....................... 24
DAS PLATZWUNDER........................ 28
DAMIT NICHTS RIESELT 30
HÄKELBEUTEL............................... 32
KÜHLTASCHE................................ 34
DER TÜTENSCHLAUCH 36
GLÄSER ZUM EINKAUFEN................. 38
DAS BEEREN-DECKELCHEN 40

VERPACKEN & AUFBEWAHREN   42

Was wird wie am besten gelagert?........ 44
    Kartoffeln 44
    Konserven................................... 44
    Eingemachtes, Marmeladen,
    Brotaufstriche............................... 44
    Essig und Öl................................. 45
    Gewürze 45
    Kaffee, Kakao und Tee 45

Wohin mit den Sachen?.................... 45

Ice, ice, Baby! Damit der Kühlschrank auch wirklich alles frisch hält............. 46
    Schritt 1:
    Nimm alles aus dem Kühlschrank raus ... 46
    Schritt 2:
    Alles sorgfältig reinigen 46
    Schritt 3:
    Was darf bleiben und was kommt weg?... 46
    Schritt 4:
    Tuben und Deckel reinigen 46
    Schritt 5: Die Kühlschrank-Ordnung
    vorbereiten und Lebensmittel gruppieren 47
    Schritt 6: Vorbereitetes Essen
    und Reste gut verpacken 47
    Schritt 7: Planen 47
    Schritt 8: Den Kühlschrank einräumen.... 48
    Schritt 9: Beschriften 48
    Schritt 10: Lass freien Platz 48

VORRATSGLÄSER BESCHRIFTEN 50	VERARBEITEN, MITNEHMEN
KREIDEMARKER-ETIKETTEN 52	UND UNTERWEGS FUTTERN 84
BROTBEUTEL................................. 54	Mitnehmen – aber richtig 84
BAGUETTE-BEUTEL.......................... 56	Take away 85
HAUBEN FÜR SCHÜSSELN 58	Im Restaurant 85
BIENENWACHS-TÜCHER 60	Picknick und Ausflug.......................85
„WASCHMITTEL" FÜR OBST 62	Und was ist mit dem Lieferdienst?......... 86
SALAT-AUFBEWAHRUNG 64	Meal Prep für Dummies oder:
	Es ist eigentlich ganz einfach! 86

LAGERN 66

Auf gute Nachbarschaft **66**

**Tipps, wie man seine Lebensmittel
bestens organisiert** **69**
   1 Like with Like 69
   2 First-In-First-Out 69
   3 Gute Nachbarschaft 69
   4 Vorräte anlegen:
   Raus aus der Verpackung 69
   5 Was ist drin?.............................. 69
   6 Wie viel Platz habe ich
   und was ist mein Ziel?..................... 70
   7 Rein und raus – was muss drin sein? 70

Omas Tipps zum Lagern.................. **71**

**Warum Basilikum zu Hause immer
schlapp macht** **72**
   Liebe und feuchte Füße 73

GEHÄKELTER GEMÜSEKORB 74	Was ist das eigentlich? 86
HÄNGEKÖRBE 76	Die Planung................................ 86
BOXEN FÜR SCHUBLADEN UND REGALE 78	Schritt 1: Wie viele Gerichte braucht man? 86
HÄNGENDE OBSTKISTE 80	Schritt 2: Den Kalender befragen......... 87
KRÄUTERRING 82	Schritt 3: Rezepte verteilen 87

   Schritt 4: Kochen 87
   Schritt 5: Kühlen und portionieren 88
   3 wichtige Tipps........................... 88

„Leaf to Root" gegen Food Waste **89**

Alles einfach rein in den Topf? **90**
   First und Second Cut 90

Nur für Vegetarier? **90**

Nörgeln hilft nie **91**

Streber kann niemand leiden............. **91**

KLEINE PAUSENBROTTASCHE............. 92
WASSERFESTE BEUTEL 94
MENÜPLANER UND EINKAUFSZETTEL
IN EINEM................................... 96
ESSENSGLAS 98
GUMMIRING 100

Skizzen **102**
Buchtipps.................................. **104**
Impressum................................. **108**

EINLEITUNG

WARUM MAN KEINE ANGST VOR NEUEN EINKAUFSERLEBNISSEN HABEN SOLLTE

Ich erinnere mich gut an die Zeit, in der ich mit vollem Einkaufswagen aus dem Discounter kam. Ich schätze mal, dass die Hälfte meiner Besorgungen aus reiner „Kauflust" heraus in dem Wagen landete und nicht, weil wir es brauchten. Wie lang der Einkauf vorhielt? Leider nie so lange, wie die Menge eigentlich gefühlt hätte reichen sollen. Denn bereits nach nur ein paar Tagen war die erste Hälfte des Einkaufs verspeist. Die zweite verschwand in den Tiefen der Schubladen und des Kühlschrankes, wo ich sie vergaß und irgendwann entsorgte. Das Problem: Oft passten die gekauften Lebensmittel nicht zu unseren Plänen (ich hatte nicht auf dem Schirm, an welchen Tagen die Familie tatsächlich zu Hause bekocht werden musste). Oder ich kaufte Dinge, die ich im Endeffekt nicht gut kombinieren konnte oder auf Vorrat Sachen, die wir nur selten verbrauchten – weil sie gerade so günstig waren. Das war nicht nur Geldverschwendung, sondern auch Vergeudung von wertvollen Lebensmitteln. Ein einfacher Essensplan und ein Einkaufszettel hätten wahrscheinlich schon das Schlimmste verhindert. Von den Verpackungsmassen will ich gar nicht erst reden …

DIE ORANGEFARBENE BROTDOSE

Vor einem Jahr wagte ich mich dann zum ersten Mal in einen Unverpackt-Laden. Ich muss zugeben, dass ich Respekt davor hatte und ich war mir sicher, dass man mir sofort ansehen würde, dass dies Neuland für mich war. Zwar nutzte ich eigene Einkaufstaschen und Obstnetze im Supermarkt – aber mehr auch nicht. Und so stand ich mit einer alten Brotdose und zwei ausgespülten Gurkengläsern im Laden und war erst einmal hilflos. Bestimmt würde ich mit der orangefarbenen Brotdose der Verkehrswacht von der Einschulung meiner Tochter (die schon 11 Jahre zurück liegt) ausgelacht werden und mich in meiner Unkenntnis falsch verhalten.

Ich kann euch eines verraten: Es war toll! Ich wurde vom Personal quasi an die Hand genommen und sehr kompetent und locker in das Prinzip des unverpackten Einkaufens eingeführt. Die Gurkengläser waren perfekt und die orangefarbene alte Brotdose löste große Begeisterung aus, da die Verkäuferin sie wohl in ihrer Kindheit ebenfalls kannte. Ihr Credo: Egal, ob alte Plastikbehälter, schnöde Marmeladengläser oder Schuhsäcke – recycelt Vorhandenes, bevor ihr neue Behälter anschafft. Denn darum geht es ja: um das Schonen von Ressourcen, das Wertschätzen von Dingen und das Re- oder Upcyceln.

VON UFOS UND TEST-BASTLERN

Als ich mich an das Schreiben dieses Buchs machte, war mir sofort klar, dass ein Thema immer und überall im Vordergrund stehen muss: Einfachheit. Jede Idee, jedes DIY sollte so leicht wie möglich von euch nachgemacht werden können. Denn nur dann setzt ihr sie auch um. Als berufstätige Mutter weiß ich, wie knapp Zeit bemessen ist und wie schnell auch noch so schöne Projekte als UFO (Unfinished Object) enden.

Wie man das vermeidet? Indem man Test-Bastler und -näher engagiert, deren Motivation nur mittelmäßig ist. In diesem Fall meine Tochter und meinen Mann. Beiden sind unsere Umwelt und ein ressourcenschonendes Verhalten so wichtig wie mir, aber für aufwändige Kreativarbeiten fehlt ihnen dann doch die Geduld. Die meisten der DIY-Projekte haben von ihnen den Stempel „geht schnell und einfach" bekommen. Und wenn die beiden es umsetzen können, dann bin ich mir sicher, dass auch ihr unglaublich schnell unglaublich viele neue Einkaufs- und Aufbewahrungslösungen herstellen könnt.

Ich wünsche euch viel Freude und Motivation dabei!

DER PERFEKTE EINKAUF

VERPACKUNGSFREI UND REDUZIERT

Ich weiß, wie schwer es ist, Einkaufsgewohnheiten umzustellen. Denn die meisten von uns gehen ja nicht zum ersten Mal in den Supermarkt, auf den Markt oder in das Lebensmittelgeschäft. Wir kaufen seit Jahren nach einem bestimmten Muster ein. Vielleicht haben wir es sogar aus unserem Elternhaus übernommen, vielleicht stecken alte Gewohnheiten dahinter, die uns gar nicht bewusst sind. So wie ich den Einkaufswagen im Discounter vollstopfte, weil es mir nach langen Jahren als Studentin mit schmalem Budget das Gefühl gab, mir etwas leisten zu können.

Ihr seht, jeder hat seine ganz eigenen Einkaufsroutinen, die ihn glücklich machen, die aber auch stressen können. Der erste Schritt zu einem sinnvolleren Einkauf ist also ein Blick in die eigene Einkaufstasche und auf den Kassenzettel.

Warum diese Fragen wichtig sind? Weil sie euch wahrscheinlich die Augen öffnen. Ein Beispiel: In unserem Vorratsschrank befinden sich sechs Gläser mit Kapern. Und bei den meisten Einkäufen nehme ich ein weiteres mit nach Hause – weil ich sie wirklich gerne mag. Der Rest der Familie verabscheut sie und so bin ich die Einzige, die sie isst. Unter dem Strich kaufe ich also ein Produkt in zu großen Mengen, das kaum gegessen wird und unseren Vorratsschrank unnötig füllt.

Ein anderes Beispiel: Wir gehen gerne am Donnerstagabend einkaufen, da es an diesem Tag in unserem Supermarkt Rabatt gibt. Den gibt es wahrscheinlich deswegen, weil an diesem Tag besonders wenig Menschen ihre Besorgungen machen. Das sollte mir zu denken geben …

DER PERFEKTE EINKAUF 11

STANDSAUFNAHME:

ich im allerersten Schritt folgende Fragen:

Wie viele Personen möchte ich versorgen? Vergesst dabei nicht, dass ihr eventuell in unregelmäßigen Abständen größere Mengen für z. B. Kindergartenessen, für das ihr zum Kochen eingeteilt seid, einplanen müsst.

Wie oft koche ich in der Woche? Gibt es Tage, an denen feste Rituale wie Essengehen anstehen? Oder gibt es Wochentage, an denen alle Familienmitglieder in der Kantine/Mensa/im Kindergarten essen? Sind immer alle zum Abendessen zu Hause und wird dann warm oder kalt gegessen? Macht euch einen Plan, wann wie viele Menschen verköstigt werden müssen. Und wann gehe ich einkaufen?

- Gibt es Lebensmittel, die nicht vertragen werden? Gibt es Allergien? Habt ihr euch für eine besondere Lebensform entschieden (z. B. vegan, vegetarisch, ohne Zucker etc.)? Und gibt es Dinge, die nur von einer Person gemocht werden?

- Schaut euch nun euren Vorratsschrank und den Inhalt des Kühlschrankes genau an: Wovon habt ihr unnötig viel? Was verdirbt regelmäßig? Was wird weggeworfen?

Also kaufen wir kurz vor dem Wochenende viele frische Dinge wie Obst, Gemüse, Salat, Käse etc. ein. Freitag ist dann der Tag, an dem wir meistens Salat mit Geflügel oder Ähnliches essen. Samstag ist ein klassischer Currytag. So weit so gut geplant. Jetzt kommt die Beichte: Frische Sachen haben wir nun noch für zwei weitere Tage. Sonntag wird aber häufig etwas Leckeres zum Essen bestellt. Der Einkauf liegt also ungenutzt im Kühlschrank. Montag gibt es Nudeln, da es hektisch zugeht. Bis zum Donnerstag hangeln wir uns dann mit kleineren Zukäufen durch die Woche, müssen aber einiges wegwerfen. Nicht gut.

Für uns wäre der klassische Einkauf am Montag sinnvoll. Und dann vielleicht am Wochenende noch ein paar Kleinigkeiten auf dem Markt. Also macht euch Gedanken über eure Einkaufsrituale. Sind sie sinnvoll? Passen sie noch zu eurer aktuellen Lebenssituation?

DIE EINGESCHWEISSTE KIWI

Vor Kurzem stand ich in einem Supermarkt und staunte nicht schlecht über einzeln verschweißte Kiwis. Über die verpackte Bio-Salatgurke wundert man sich ja schon nicht mehr, aber dieses Verpackungswunder faszinierte mich sehr. Und es warf bei mir die Frage auf, wie man als Produzent heutzutage noch auf die Idee kommen kann, einzelne Früchte in Plastik zu verpacken. Denn je weniger Kunststoff wir verbrauchen, desto besser für unseren Planeten. Aber wie funktioniert ein wirklich ökologisch einwandfreier Einkauf mit wenig Verpackung? Und was mache ich, wenn ich in einem kleinen Ort wohne, wo es keine Unverpackt-Läden gibt oder ich mich erst einmal langsam umgewöhnen möchte?

STUFE 1: VERPACKUNG SPAREN IM 08/15-SUPERMARKT

Obst und Gemüse kann man bereits in den meisten Supermärkten ganz ohne Verpackung bekommen. Eingepackt und gewogen werden die losen Produkte normalerweise direkt von dir in den kleinen durchsichtigen Plastiktüten aus dem Spender.

Der erste Schritt für dich wäre also der Verzicht auf diese Tütchen oder auch auf die etwas umweltfreundlicheren Papiervarianten. Bring deine eigenen Beutel für den Einkauf mit. Dabei ist es egal, ob es Baumwollbeutel, Baumwollnetze oder wiederverwendbare Netze aus Kunststoff sind – alle reduzieren das unnötige Einwegplastik und können viele Male benutzt und gewaschen werden. Damit ihr sie immer dabei habt, legt sie am besten nach dem Wegräumen des Einkaufs direkt wieder in eure Einkaufstasche.

Selbstverständlich könnt ihr auch einfach auf sämtliche Tüten oder Beutel verzichten und das Obst und Gemüse lose in den Wagen und später auf das Kassenband legen. Diese Methode eignet sich vor allem bei großem Gemüse wie Lauch oder Salat.

Wir bewegen uns weiter im Supermarkt und kommen zu den Kühlregalen. Hier wird es etwas knifflig mit dem absoluten Verzicht auf Verpackungen. Deswegen solltet ihr euch hier auf nachhaltige Verpackungsvarianten konzentrieren. Milch und Joghurt kauft ihr am besten im Mehrwegglas. Eingeschweißte Wurst und Käse solltet ihr besser gegen Produkte aus der Frischetheke tauschen. Und auch trockene Nährmittel wie Nudeln oder Reis kauft ihr am besten in Kartonverpackungen und nicht in Plastik.

An den schon erwähnten Frischetheken für Fleisch und Käse geht es weiter. Auch hier werden die Produkte auf mit Folie bezogenes Papier gelegt und noch einmal in einem Plastikbeutel verpackt. Bei vielen Supermärkten sind jedoch eigene Behälter aus Glas oder Metall erlaubt, wenn die Box nicht über die Theke gereicht wird. Fragt am besten im Vorfeld nach, ob man eigene Behälter mitbringen darf.

Wenn es dann ans Einpacken an der Kasse geht, ist eines klar: Die supermarkteigenen Tüten aus Plastik oder Papier bleiben dort! Bringt eigene Körbe oder Taschen mit, in denen ihr den Einkauf nach Hause transportiert.

Lasst euch auch bei konservativen Supermärkten mit wenig Innovationsneigung nicht entmutigen. Tut, was ihr könnt, und jeder Kunde, der nach nachhaltigeren Alternativen fragt, wird auch hier irgendwann einen Wandel herbeiführen.

STUFE 2: DER EINKAUF AUF DEM MARKT ODER IM BIOLADEN

Der große Vorteil am Markt: die Produkte sind regional und haben keine langen Anfahrtswege hinter sich. Und ihr kennt den Erzeuger vielleicht sogar persönlich. Und Obst und Gemüse sind in der Regel unverpackt. Zwar gibt es auch auf vielen Märkten die kleinen dünnen Tüten, aber auf die kann man problemlos verzichten – und oft auch auf die mitgebrachten eigenen Netzbeutel. Denn die meisten Marktbeschicker packen gerne alles direkt in den Einkaufskorb.

Käse und Wurst werden mittlerweile auch ohne große Nachfragen in mitgebrachte Behälter gefüllt und für den Einkauf von frischem Brot lohnt sich ein Brotbeutel aus Leinen auf jeden Fall. Und wie im Bioladen habt ihr auf dem Markt oft die Möglichkeit, bei einem Bio- oder Demeterstand einzukaufen. Hier finden sich manchmal besondere oder alte Obst- und Gemüsesorten, die es bei herkömmlichen Händlern nicht gibt.

Viele Bioläden bieten Lebensmittel wie Nudeln, Reis, Nüsse und Körner inzwischen auch lose an. Bezahlt wird dabei nach Gewicht. Bringt hierfür Beutel mit (keine Netze), in die ihr Mehl etc. packen könnt. Auch Gläser sind perfekt dafür.

STUFE 3: DIE KÖNIGSDISZIPLIN – DER UNVERPACKT-LADEN

Ein Unverpackt-Laden ist genau das, was der Name verspricht: ein Laden, in dem es Lebensmittel ohne Verpackung gibt. Das bedeutet, dass wir hier komplett unverpackt einkaufen können.

In den meisten Unverpackt-Läden gibt es hauptsächlich trockene Lebensmittel wie Nudeln, Reis, Mehl, Nüsse, Flocken und Gewürze. Diese Produkte gibt es dort in großen Spendern oder Gläsern und ihr bringt eure eigenen Behältnisse mit. Bevor ihr mit dem Abfüllen startet, werden eure Behälter leer gewogen und dann individuell mit den benötigten Lebensmitteln gefüllt. Je nach Konzept dürft ihr das selbst machen oder es wird für euch abgefüllt. Die Gefäße können so bei jedem Einkauf neu befüllt und vielfach wiederverwendet werden.

Wenn ihr in einer größeren Stadt wohnt, dann schaut euch ruhig mehrere Unverpackt-Läden an, da das Sortiment durchaus unterschiedlich sein kann. Einige Läden führen neben den trockenen Lebensmitteln mittlerweile auch frische Produkte wie Käse, Joghurt, Tofu, Eier oder Brot.

Was ihr für einen Einkauf im Unverpackt-Laden braucht? Anders als bei einem normalen Einkauf im Supermarkt ist es wichtig, sich auf den Einkauf ein bisschen vorzubereiten. Denn hier muss man seine Verpackung selbst mitbringen. Das bedeutet jedoch nicht, dass man sich erst einmal schicke neue Bügelgläser kaufen muss. Schaut in euren Schränken, was ihr bereits habt: Dosen aus Plastik oder Alu, alte Marmeladen- oder Gewürzgläser. Toll sind auch Stoffbeutel – vielleicht findet ihr ja Schuhbeutel? Ich habe auch schon Menschen gesehen, die ihren Einkauf in Socken abgepackt haben …

Wichtig ist bei kleinen Lebensmitteln, dass das Säckchen aus einem dicht gewebten Material besteht, wenn ihr Haferflocken oder ähnliches transportieren und danach keinen eingestaubten Einkaufsbeutel haben möchtet. Seid kreativ und sucht zu Hause zusammen, was ihr finden könnt und scheut euch auch nicht vor unkonventionellen Ideen – schließlich wollen wir ja der Umwelt etwas Gutes tun und Müll vermeiden.

UNVERPACKT EINKAUFEN

DIE VORTEILE

WARUM ES BESSER IST, UNVERPACKT EINZUKAUFEN? ES GIBT NEBEN DEN OFFENSICHTLICHEN GRÜNDEN NOCH EIN PAAR ANDERE VORTEILE:

- Nun, den ersten Vorteil muss ich wohl nicht groß erläutern: Weniger Verpackungsmüll – das ist ja das große gemeinsame Ziel.

- Man kauft individueller ein, kann benötigte Mengen selbst bestimmen. Im Supermarkt muss man sich nach vorgegebenen Mengen richten und meist braucht man genau eine Packung plus eine winzige Menge von einer zweiten für ein Rezept. Der Rest lagert dann ewig im Küchenschrank. Im Unverpackt-Laden kauft man nur so viel, wie man wirklich braucht, und leistet so einen kleinen Beitrag gegen die Lebensmittelverschwendung. Auch wenn es in den Unverpackt-Läden etwas teurer ist, kommt man auf diese Weise preislich doch auf dasselbe hinaus.

- Der dritte Grund: es ist entspannt, fast wie früher beim Kaufladenspielen. Kein Herumirren in großen Gängen, kein überbordendes Angebot, das einen erschlägt.

- Die Läden sind kleiner, überschaubar und freundlicher gestaltet. Von jedem Produkt gibt es meistens nur eine hochwertige Sorte.

UNVERPACKT EINKAUFEN 15

ICH GEHE EINKAUFEN ... UND NEHME MIT:

Drei Beutel, eine Tasche, fünf Gläser. So oder so ähnlich könnte eure Vorbereitung für den nächsten Einkauf aussehen. Denn eines gehört – so gerne ich das unter den Tisch fallen lassen würde – dazu: eine gute Vorbereitung. Anfangs fand ich es etwas lästig, nicht mehr spontan zum Einkaufen zu gehen, sondern immer vorausplanen zu müssen. Aber was ich zu Beginn anstrengend fand, ist mir mittlerweile in Fleisch und Blut übergegangen, und es hat einen großen Vorteil: überflüssige Spontaneinkäufe finden so nicht mehr statt und so landet nur das im Küchenschrank, was wir wirklich benötigen.

WELCHE GEFÄSSE BRAUCHE ICH TATSÄCHLICH ZUM EINKAUFEN?

WIEDERVERWENDEN UND SELBER MACHEN

In Deutschland werden Plastiktüten an der Kasse nur noch gegen Bezahlung abgegeben, um die Verbreitung einzuschränken. Je nach Supermarktkonzept gibt es in den Obst- und Gemüseabteilungen aber immer noch viele dünne Tüten unentgeltlich.

Viele Umweltverbände fordern, dass gar keine Einwegtüten mehr kostenlos abgegeben werden. Obst und Gemüse aus dem Supermarkt ist allerdings ein Sonderfall: Denn das wird zu über 60 Prozent vorverpackt verkauft. Als Erstes müssen also Unternehmen das Obst und Gemüse auspacken. Solange dies nicht passiert, ist es nicht sinnvoll, Geld für den kleinen Beutel zu nehmen oder ihn abzuschaffen. Denn ein dünner Knotenbeutel ist viel materialeffizienter als eine Vorverpackung. Es wird nämlich nicht funktionieren, dass unverpackt gekauft wird, wenn der Hemdchenbeutel zu bezahlen und eine Vorverpackung kostenlos ist. Bereits jetzt ist die lose Ware im Supermarkt oft teurer als die vorverpackte.

WELCHE GEFÄSSE BRAUCHE ICH?

FÜR EINSTEIGER: NETZ FÜR OBST UND GEMÜSE

Zu den Basics gehören die Einkaufsnetze, die man mittlerweile in fast jedem Supermarkt bekommen kann. Sie sind aus Nylon, Baumwolle oder anderen Stoffen, die luftdurchlässig sind. Sie haben nicht nur den Vorteil, dass sie sehr leicht und klein zusammenfaltbar sind, sie sind auch so transparent, dass man auf einen Blick ihren Inhalt erkennen kann und sie nicht einzeln öffnen muss. Für eine Grundausstattung würde ich mir fünf Netze besorgen – drei kleinere und zwei größere für sperriges Gemüse.

Und bevor ihr beim nächsten Einkauf statt der Kunststoffbeutel eine Papiertüte nehmt: Das ist keine ökologischere Alternative. Die Papierproduktion benötigt viel frisches Holz und extrem viel Energie und Wasser, sodass in einer Ökobilanz die Papiertragetasche sogar schlechter abschneidet als die Beutel aus Kunststoff.

> **KUNSTSTOFF IST WEITERHIN DAS HÄUFIGSTE VERPACKUNGSMITTEL**
> Obwohl der Verbrauch der Plastik-Einkaufstüten enorm abgenommen hat, gibt es einen Bereich, der sich komplett gegenläufig entwickelt. Kunststoff ist das dominierende Packmittel, das zunehmend Verpackungen aus Papier, Pappe oder Karton ersetzt. Während man dem Verbraucher auf der einen Seite vorgaukelt, dass alles besser wird, wird hinter seinem Rücken alles in Plastik verpackt: Der Kunststoffanteil für Vorverpackungen hat zwischen 2000 und 2016 bei Obst um 94 Prozent und bei Gemüse sogar um 186 Prozent zugenommen.

SELBSTVERSTÄNDLICH: DIE EIGENE EINKAUFSTASCHE

Was ich wohl kaum erwähnen muss, ist die eigene Einkaufstasche. Besonders praktisch sind Beutel, die sich platzsparend zusammenrollen und in der Handtasche aufbewahren lassen. So hat auch das spontan gekaufte Buch im Bahnhof eine ausreichend große Transportmöglichkeit. Der Nachteil: Sie sind oft nicht stark belastbar und ein Großeinkauf ist mit ihnen schwierig. Dafür eignen sich Körbe oder große Taschen mit verstärkten Henkeln besser. Am besten hat man davon immer einen/eine im Auto, um auch ein paar Flaschen bequem ins Haus tragen zu können.

Überlegt euch gut, was für eure Situation am praktikabelsten ist. Ihr seid Fahrradfahrer? Dann ist ein Rucksack am praktischsten und auch für den Fußweg entlastet es die Hände extrem. Und wenn ihr die Tasche doch mal vergessen haben solltet, dann überlegt euch gut, wonach ihr an der Kasse greift.

Es gibt eine ganz einfache Regel:

Grundsätzlich Einwegtüten immer vermeiden und eigene Taschen, Rucksäcke und alte Tüten mitnehmen.

Ist man doch mal ohne Tasche unterwegs: die Tüte (egal ob aus Plastik oder Papier) so oft wie möglich danach noch benutzen und sie erst entsorgen, wenn sie sehr schmutzig oder beschädigt ist.

Egal, welches Material: Keine Tüten- oder Beutelberge anhäufen. Auch Papiertüten und Baumwollbeutel sind ökologisch nicht besser als Plastiktüten, wenn sie nicht mehrfach genutzt werden und im Umlauf bleiben.

KRÜMELIG UND KÖRNIG: REIN IN BEUTEL UND SÄCKCHEN

Auf dem Markt, beim Bäcker, im Bioladen: hier gibt es Brot, Brötchen und andere Backwaren unverpackt. Wer jetzt denkt, dass das kleine Papiertütchen für das Croissant ja nicht wirklich zählt, der sollte mal kurz hochrechnen, wie viele von den Tüten er im Lauf des Jahres so aus der Backstube trägt. Tatsächlich liegt nämlich dessen Lebensdauer von der Theke bis zum Mülleimer oft nur im Minutenbereich, da die meisten nicht auf die Idee kommen, die Tüten wiederzuverwenden. Dabei kann man sie prima für den Biomüll nutzen.

BAUMWOLLBEUTEL STATT PLASTIKTÜTE?

Klar, werden alle sagen! Aber ein Baumwollbeutel ist nur dann ökologisch sinnvoll und besser als eine Plastiktüte, wenn er richtig oft genutzt wird. Also sollte man einen neuen Beutel nur kaufen, wenn man weiß, dass man ihn wirklich braucht. Denn die Produktion von Baumwolle belastet die Umwelt extrem durch den hohen Wasserverbrauch und den starken Pestizideinsatz. Wenn es um die Ökobilanz geht, dann schwanken die Berechnungen, wie oft ein Baumwollbeutel genutzt werden muss, von circa 50 bis 150 Mal. Aber egal, welche Zahl man dabei als Grundlage nimmt: Nutzt eure Baumwollbeutel so oft wie möglich, wascht sie, wenn nötig, und repariert sie gegebenenfalls.

Aber zurück zur Alternative. Gerade Backwaren lassen sich hervorragend in mitgebrachten Beuteln unterschiedlicher Größe verstauen. Sie können prima mehrere Male hintereinander verwendet und bei Bedarf einfach mit in die Wäsche gegeben werden. Für diese Art von Beuteln eignen sich fusselfreie, eng gewebte Stoffe am besten, da sich hier auch kleinere Körner nicht durch das Gewebe befreien können.

Wer gerne fettiges Gebäck wie Käsestangen oder Croissants kauft, sollte sich überlegen, ein bis zwei Beutel zu nähen (oder zu kaufen), die innen eine abwaschbare Schicht haben und leicht ausgewischt werden können. Auch klebrige Kaffee-Teilchen fühlen sich sehr wohl darin.

TIERISCH KALT: HYGIENISCH MUSS ES SEIN

Sehr stolz war ich anfangs, als ich keinen abgepackten Käse mehr kaufte, sondern ein, zwei Euro mehr an der Käsetheke ließ – vermied ich doch (wie ich dachte) jede Menge Plastik. Eingewickelt wird er an der Theke im Supermarkt - und oft auch auf dem Markt – in sogenanntes Käsepapier. Was ökologisch klingt, täuscht jedoch, da es oft eine dünne Kunststoffbeschichtung hat, die als Frischhalteschutz und Trenner der Lebensmittel dient. Das gleiche gilt auch für Wurst- und Fleischpapier. Also keine gute Alternative.

Für den Kauf von Frischwaren ist eine eigene hygienische Verpackung gefragt, wobei die Betonung auf hygienisch liegt. Alle Gefäße, die heiß auswaschbar sind, sind dafür geeignet. Also Glasboxen, Kunststoffboxen und Metallbehälter. Selbstverständlich sind Glas und Metall umweltfreundlicher, aber es macht wirklich keinen Sinn, Tupperdosen zu entsorgen, wenn sie bei euch im Haushalt schon vorhanden sind. Fragt an den Fleisch- und Käsetheken nach, ob ihr eigene Dosen mitbringen könnt. Engagierte Kaufleute bieten dies mittlerweile an.

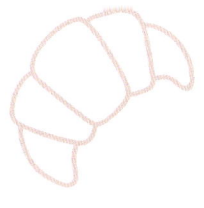

LEISE RIESELT ...

... das Dinkelmehl in den Rucksack. Ein echter Klassiker, den „Unverpackt-Newbies" gerne machen. Alles, was fein gemahlen ist, gehört in Schraub- oder Spanngläser. Ein großer Vorteil ist nicht nur die Optik, sondern auch die gesunde und sichere Lagerung der Lebensmittel in Glas. Nachteile werden allerdings schnell spürbar, wenn der nächste Unverpackt-Laden doch ein bisschen weiter weg von zu Hause ist und man mehrere Gläser tragen muss. Die Alternative zu Glas für feine Lebensmittel: Tütchen. Auch wenn man umweltbewusst einkauft und nur natürliche Produkte mit nach Hause nehmen möchte – ab und an landet doch der Ziplock-Beutel der Oma oder die Papiertüte der Nachbarin daheim. Sie erleben dann ihren zweiten Frühling im Bio- oder Unverpackt-Laden. Mit einer Verschlussklemme sind sie perfekt.

Lebensmittel, die nicht so feinkörnig sind, wie Linsen, Reis oder Bohnen, lassen sich prima in selbst genähten Baumwollbeuteln verpacken, die ebenfalls kaum Eigengewicht haben.

DIE SPEZIELLEN: EISKALT UND EMPFINDLICH

Wer schon mal Himbeeren nach Hause getragen hat, weiß um ihre Empfindlichkeit, was den Transport betrifft. Und auch Tiefgefrorenes möchte nicht einfach so in den Beutel gelegt werden. Also sollte man gerade in den Sommermonaten ein paar mehr Behälter auf Lager haben. Für Tiefgekühltes oder andere Waren, die gekühlt transportiert werden müssen, sollte man eine Tasche haben, die innen ein Dämmmaterial besitzt oder wasserabweisend ist, um Kühlakkus zu transportieren. Es gibt mittlerweile eine Verpackung aus gepresstem Stroh, das mit einer Maisfolie versiegelt ist, um Kühlprodukte kalt nach Hause zu bekommen. Das ist eine gute Alternative beispielsweise zur Styroporbox.

Auch eine Wasserflasche, die ihr vor dem Einkauf tiefgekühlt habt, ist eine tolle Kühlmöglichkeit – nach dem anstrengenden Einkauf einfach eisgekühltes Wasser schlürfen. Einige Supermärkte bieten das in den Sommermonaten sogar mittlerweile an.

Ich komme noch mal auf die Sensibelchen wie Himbeeren zurück. Sie werden meist schon in Pappschalen verkauft. Vermeidet Beeren in der Plastikverpackung und verwendet die Pappschalen gerne mehrmals. Sie sind wie Eierkartons aus stabiler Pappe und können zum Transport immer wieder genutzt werden.

Ein Tipp von mir: Wenn ihr Beeren in Schalen in einem Einkaufskorb nach Hause transportieren möchtet, dann nehmt eine zweite Schale mit zum Einkauf, die ihr dann verkehrt herum darüberstülpen könnt. So fallen sie nicht so leicht aus ihrer Verpackung und werden nicht zerdrückt.

GETRÄNKE

KAFFEE, MILCH UND MINERALWASSER

Das mag jetzt klischeehaft klingen, aber als kleines Mädchen durfte ich regelmäßig beim Bauern Milch holen – in einer Kanne. Nicht, dass ich in den Bergen groß geworden wäre – das ging auch in einem Vorort von Frankfurt. Und genauso kann man auch heute noch in Hofläden, auf Märkten oder in einigen Unverpackt-Läden Milch, Milchalternativen oder Säfte kaufen und in eigene Flaschen abfüllen lassen.

Sogar große Filialisten sind mittlerweile auf den Unverpackt-Zug aufgesprungen, sodass wir Verbraucher unsere Kaffee- oder Teedose im Laden direkt abfüllen lassen können. Bedingung ist aber immer: sie müssen leer und hygienisch sauber sein. Gerade bei verderblichen Getränken wie Milch ist das besonders wichtig!

Und dann gibt es noch einen ganz einfachen Unverpackt-Tipp, bei dem das Lebensmittel direkt nach Hause in die Küche geliefert wird: unser Leitungswasser. Super günstig, extrem kontrolliert und wer es mag, frisch gesprudelt. Kein Flaschenschleppen, keine Glasflaschen, die zum Reinigen durch die Republik gefahren werden und keine giftigen Stoffe, die sich aus den Plastikflaschen lösen können.

MEHRWEG-WASSERFLASCHEN

Das Problem des Mehrwegsystems besteht in den oftmals langen Transportwegen der Flaschen, auf denen große Mengen CO_2 emittiert wird. Nach Leitungswasser bilden daher regional gekaufte Mehrwegglasflaschen eine gute Alternative, das „unverpackte" Wasser ist jedoch für das Klima am besten und daher in der Klimabilanz unschlagbar.

Zusätzlich ist das Mehrwegsystem unübersichtlich. Viele Verbraucher gehen davon aus, dass alle Flaschen, auf die sie Pfand erhalten, Teil des Mehrwegsystems sind. Der Mehrweganteil bei Mineralwasser liegt jedoch lediglich bei 38,7%. PET-Einwegflaschen mit Pfand sind kein Teil des Mehrwegsystems und auch wenn 98% dieser Flaschen zurückgegeben werden, wird leider nur 1/3 des geschredderten Plastiks für neue Flaschen verwendet.

NETZE STATT PLASTIKTÜTEN IM SUPERMARKT

BRING YOUR OWN

Ich habe immer einige Netze in meiner Einkaufstasche, da sie im Supermarkt und im Laden die Plastik- und Papiertüten, in die man Obst und Gemüse verpackt, ersetzen. Mein Tipp: Schaut, dass die Netze aus einem dünnen Material genäht und möglichst durchsichtig sind, damit es an der Kasse keine Probleme gibt. Leichter Gardinenstoff eignet sich ganz wunderbar, da er nicht nur gut zu vernähen, sondern auch waschbar ist.

GRÖSSE
- Höhe 35 cm, Breite 31 cm

MATERIAL
- Mesh- oder Gardinenstoff, 2x 37 cm x 33 cm
- Baumwollband, 80 cm lang

1 Stoffteile zuschneiden

2 Jeweils rechts und links ca. 0,5 cm umschlagen und umbügeln. Knappkantig absteppen.

3 Am oberen Rand jeweils 2 cm doppelt einschlagen, feststecken und einen Tunnel nähen. Achtung: Alles gut zusammenstecken, da das Material sehr rutschig ist.

4 Beide Stoffteile rechts auf rechts zusammenstecken. Seitennähte und die untere Naht schließen. Die Seitennähte enden an der Naht für den Tunnelzug. Wer es besonders ordentlich mag, wählt französische Nähte.

5 Wenden. Band durch den Tunnel ziehen.

Tipp: Einer alten Gardine kann hier nochmal neues Leben eingehaucht werden. Habt ihr selber keine, kann man sie auch günstig auf Flohmärkten erstehen.

FALTBARE TASCHEN

FÜR DEN EINKAUF ZWISCHENDURCH

Schnell mal etwas einkaufen? Genauso schnell steht man ohne eine Tasche an der Kasse. Damit dies in Zukunft nicht mehr passiert, gibt es hier zwei Anleitungen für eine easypeasy Falt- bzw. Rolltasche. In der Handtasche oder im Rucksack dauerhaft aufbewahrt, verhindert sie den Griff zur Tüte.
Die Tasche kann in den unterschiedlichsten Varianten genäht werden: klein und dünn aus einer Lage Baumwollstoff, extra stabil aus doppeltem Stoff, zum Zubinden oder zum Schließen mit einem Knopf.

FALTTASCHE MIT BINDEBÄNDERN

GRÖSSE
- Breite 45 cm, Höhe 50 cm

MATERIAL
- 2x Baumwollstoff, 110 cm x 47 cm
- 2x Baumwollstoff, 47 cm x 7 cm für die Henkel
- Baumwollband, 80 cm lang

1 Die Längsseite des Stoffes doppelt ca. 2,5 cm auf die linke Stoffseite einschlagen, umbügeln.
2 Das Band in der Mitte falten und die Schlaufe in die Mitte eines Umschlages stecken.
3 Nun den Rand auf beiden Seiten absteppen und das Band miteinfassen.
4 Dann den Stoff rechts auf rechts falten, umbügeln und die Seitennähte rechts und links schließen.
5 Alles versäubern. Wer es extra stabil mag, der näht französische Nähte.
6 Den Stoff für die Henkel jeweils längs rechts auf rechts legen und umbügeln.
7 Die Längsnaht und eine Quernaht schließen und die Henkel auf rechts wenden.
8 Die offene Naht nach innen bügeln und die Henkel jeweils knappkantig noch einmal rundum absteppen.
9 Die Henkel nun mittig auf beiden Taschen stabil in einem Viereck feststeppen.

UNVERPACKT EINKAUFEN 27

FALTTASCHE FÜR SCHWERE EINKÄUFE (MIT KNOPF)

GRÖSSE
- Breite 44 cm, Höhe 48 cm

MATERIAL
- 2x Baumwollstoff, 110 cm x 47 cm
- 2x Baumwollstoff, 37 cm x 15 cm für die Henkel
- rundes Gummiband, 15 cm lang
- 1 Knopf

1 Beide Stoffstreifen rechts auf rechts legen, feststecken und aufeinandernähen, wobei eine Seite unten offen bleibt.

2 Wenden und an der offenen Seite den Stoff nach innen bügeln.

3 Das Gummiband in der Mitte falten und die Schlaufe in die Mitte der offenen Seite schieben und feststecken.

4 Nun den Stoff mit der Außenseite nach innen falten, umbügeln und die Seitennähte rechts und links schließen.

5 Alles versäubern. Jetzt den oberen Rand rundum absteppen und das Gummiband mit einfassen.

6 Den Stoff für die Henkel jeweils längs rechts auf rechts legen und umbügeln.

7 Die Längsnaht und eine Quernaht schließen und die Henkel auf rechts wenden.

8 Die offene Naht nach innen bügeln und die Henkel jeweils knappkantig noch einmal rundum absteppen.

9 Die Henkel nun mittig, aber relativ weit nach außen auf beiden Taschenseiten stabil in einem Viereck feststeppen.

10 Der Knopf wird ca. 20 cm vom oberen Rand in der Mitte festgenäht.

DIE FALTTECHNIK BEI BEIDEN TASCHEN:
Den Stoff quasi gedanklich längs in drei Teile aufteilen und von rechts und links einschlagen. Umdrehen und von unten aufrollen, sodass der Knopf außen liegt. Zum Schluss das Gummiband über den Knopf ziehen oder die Bänder um die Tasche wickeln und zubinden.

DAS PLATZWUNDER

FÜR DEN GROSSEINKAUF

Diese Tasche ist immer dann ein unschlagbarer Begleiter, wenn richtig viel eingekauft werden muss. Denn sie ist nicht nur ein Raumwunder, sondern durch ihre doppelte Lage auch sehr stabil.

MATERIAL
- 2x Leinenstoff, 110 cm x 60 cm
- 2x Baumwollstoff, je nach Henkelwunschlänge

SKIZZE
- siehe Seite 102

1 1x Vorderseite und 1x Innenseite ausschneiden.
2 Nun den Stoff jeweils rechts auf rechts quer zusammenfalten und ie beiden Seitennähte knappkantig zunähen, wobei auf einer Seite eine Wendeöffnung freigelassen wird.
3 Den Stoff so auseinanderziehen und zusammenfalten, dass die beiden kurzen Bodenseiten aufeinanderliegen.
4 Boden knappkantig abnähen.
5 Außenstoff ebenfalls an den Seiten zusammennähen (hier brauchen wir keine Öffnung) und die Bodennaht schließen.
6 Beide Taschen folgendermaßen ineinander stellen: Außenstoff rechte Seite nach innen, Innenfutter rechte Seite nach außen.
7 Beide Taschen am oberen Rand zusammennähen.
8 Taschen wenden und ineinanderschieben und die Wendeöffnung knappkantig schließen.
9 Nun die Seitennähte noch mal ca. 1 cm breit nach außen absteppen, damit die Tasche einen guten Stand bekommt.
10 Den Stoff für die Henkel jeweils längs rechts auf rechts legen und umbügeln.
11 Die Längsnaht und eine Quernaht schließen und die Henkel auf rechts wenden.
12 Die offene Naht nach innen bügeln und die Henkel jeweils knappkantig noch einmal rundum absteppen.
13 Die Henkel nun mittig, aber relativ weit außen auf beiden Taschen stabil in einem Viereck feststeppen.

DAMIT NICHTS RIESELT

BEHÄLTER FÜR DEN UNVERPACKT-LADEN

Waren im Säckchen nun Linsen oder doch die roten Bohnen? Damit das Rätselraten ein Ende hat, haben diese Säckchen zum Abfüllen ein „Guckloch". Das ist nicht nur praktisch, es hat auch den Vorteil, dass man wirkliche Hingucker hat, die man gerne zum Einkaufen mitnimmt. Im Gegensatz zu den Gemüsenetzen haben sie den Vorteil, dass auch kleinere Lebensmittel nicht durch die Maschen dringen können.

GRÖSSE OHNE NETZ
- Breite 18 cm, Höhe 27cm

MATERIAL
- Leinenstoff, 2x 20 cm x 30 cm
- Baumwollband, 65 cm lang

GRÖSSE MIT SCHMALEM NETZ
- Breite 18 cm, Höhe 29 cm

MATERIAL
- Leinenstoff, 1x 20 cm x 30 cm
- Leinenstoff, 1x 20 cm x 34 cm
- sehr engmaschiger Netzstoff oder Tüll, 12 cm
- Baumwollband, 65 cm lang
- Lederband, 2,5 cm breit, 10 cm lang

GRÖSSE MIT BREITEM NETZ
- Breite 18 cm, Höhe 35

MATERIAL
- Leinenstoff, 20 cm x 12 cm
- Leinenstoff, 20 cm x 46 cm
- sehr engmaschiger Netzstoff oder Tüll, 20 cm
- Baumwollband, 65 cm lang
- Lederband, 2,5 cm breit, 10 cm lang

OHNE NETZ
1 Stoffteile zuschneiden
2 Jeweils rechts und links ca. 0,5 cm umschlagen und umbügeln. Knappkantig absteppen.
3 Am oberen Rand jeweils 2 cm doppelt einschlagen, feststecken und einen Tunnel nähen.
4 Beide Stoffteile rechts auf rechts zusammenstecken, Seitennähte und die untere Naht schließen. Die Seitennähte enden an der Naht für den Tunnelzug. Wer es besonders ordentlich mag, wählt französische Nähte.
5 Wenden. Band durch den Tunnel ziehen.

MIT SCHMALEM ODER BREITEM NETZTEIL
1 Stoffteile zuschneiden
2 Die drei Stoffstreifen zusammennähen und versäubern. Reihenfolge: 1. Leinen, 2. Netz, 3. Leinen.
3 Jeweils rechts und links ca. 0,5 cm umschlagen und umbügeln. Knappkantig absteppen.
4 Am oberen Rand jeweils 2 cm doppelt einschlagen, feststecken und einen Tunnel nähen.
5 Den Stoff rechts auf rechts zusammenstecken und Seitennähte und die untere Naht schließen und dabei die Lederschlaufe mit feststeppen. Die Seitennähte enden an der Naht für den Tunnelzug. Wer es besonders ordentlich mag, wählt französische Nähte.
6 Wenden. Band durch den Tunnel ziehen.

HÄKELBEUTEL

FÜR DEN ALLTAGSEINKAUF

Meine Oma hatte sie schon – die Häkelbeutel. Als Kind faszinierte mich immer das unglaubliche Fassungsvermögen und ihre extreme Dehnbarkeit. Das wollte ich mir auch zunutze machen und dabei zusätzlich mehr Stabilität durch ein dickes Garn bekommen. Herausgekommen ist ein Taschenwunder, das Hermine Grangers Zauberhandtasche Konkurrenz macht!

GRÖSSE
- 42 cm x 34 cm

MATERIAL
- Häkelnadel Nr. 5
- Garn in Stärke 4-5, 300 m

ERKLÄRUNG
- M = Masche
- LM = Luftmasche
- KM = Kettmasche
- ST = Stäbchen

TASCHENBODEN:
- Runde 1: 3 LM, 11 ST, mit KM in 3. LM zur Runde schließen.
- Runde 2: 3 LM, in selbe M 1 ST, in jede weitere M 2 ST, mit KM in 3. LM zur Runde schließen.
- Runde 3: 3 LM, jede zweite M verdoppeln, mit KM in 3. LM zur Runde schließen.
- Runde 4: 3 LM, jede 3. M verdoppeln, mit KM in 3. LM zur Runde schließen.
- Runde 5: 3 LM, jede 4. M verdoppeln, mit KM in 3. LM zur Runde schließen.
- Runde 6: 3 LM, jede 5. M verdoppeln, mit KM in 3. LM zur Runde schließen.

TASCHENSEITE:
- Runde 7: 5 LM, 1 M auslassen, 35x in jede zweite M je 1 ST + 2 LM, 1 M auslassen, mit KM in 3. LM zur Runde schließen.
- Runde 8–20: 5 LM, 35x in jedes ST je 1 ST + 2 LM, mit KM in 3. LM zur Runde schließen.

HENKEL
- Runde 21: 3 LM, in jede M der Vorrunde 1 ST, mit KM in 3. LM zur Runde schließen.
- Runde 22 & 23: 3 LM, in jede M 1 ST, mit KM in 3. LM zur Runde schließen.
- Runde 24: 3 LM, in nächste 10 M je 1 ST, 90 LM, 30 M auslassen, in nächste 24 M je 1 ST, 90 LM, 30 M auslassen, in nächste 13 M je 1 ST, mit KM in 3. LM zur Runde schließen.
- Runde 25 & 26: 3 LM, in jede M der Vorrunde je 1 ST, mit KM in 3. LM zur Runde schließen.

Abmaschen und den restlichen Faden vernähen.

KÜHLTASCHE

PRAKTISCH UND STYLISCH

Diese Kühltasche ist mein liebstes Upcyclingsprojekt, irgendjemand hat mal einen Schwung der nicht wirklich schönen Kühltaschen, die man in jedem Supermarkt in der Gefrierabteilung bekommt, bei uns hinterlassen. Sie sind zwar praktisch, haben aber den Nachteil, dass ihre Plastikgriffe immer sehr unangenehm in die Hand einschneiden. Als Rucksack verkleidet, werden sie nun um einiges praktischer und auch styletechnisch aufgewertet.

GRÖSSE
- 50 cm x 43 cm

MATERIAL:
- Kühltüte aus dem Supermarkt
- Wachstuch, 200 cm x 44 cm
- Klettband, 12 cm lang
- Gurtband, 160 cm lang

1 Kühltüte ausmessen und das Wachstuch auf ihre Breite + 1 cm Nahtzugabe zuschneiden. Bei mir waren das 44 cm.

2 Wachstuch quer in der Mitte falten und rechts auf rechts an den Seiten füßchenbreit zusammennähen.

3 Schlauch wenden. Kühltüte hineinstellen und das Wachstuch nach innen bis zum Rand der Tüte einschlagen. Vorsichtig umbügeln.

4 Nun das Wachstuch mit einem kleinen Umschlag an der Tüte rund rum festnähen.

5 Den Klettverschluss mittig auf der Höhe der Tüte und auf der anderen Taschenseite anbringen – hier müsst ihr ausprobieren, wo die beste Höhe ist, wenn ihr die Tasche einrollt.

6 Zum Schluss rechts und links, oben und unten das Gurtband stabil aufnähen.

UNVERPACKT EINKAUFEN 37

DER TÜTEN-SCHLAUCH

ALLES GRIFFBEREIT

Wie viel Mühe man sich auch gibt – ab und an wandert dann doch die eine oder andere Plastiktüte in den Haushalt ein. Damit sie noch weitere Male ihren Dienst versehen können, wandern sie ganz platzsparend in den Schlauch – schnell oben reinstopfen und unten wieder herausziehen.

GRÖSSE
- ca. 46 cm x 20 cm Durchmesser

MATERIAL
- Stoff, 50 cm x 445 cm
- Gummiband, 25 cm lang
- Stoffband, 2x 35 cm lang

1 Schlauch zuschneiden.

2 Jeweils den oberen und unteren Rand doppelt nach innen einschlagen und füßchenbreit umnähen.

3 Nun die Längsseiten rechts auf rechts legen und am Rand zusammennähen. Die Innennaht versäubern.

4 In den unteren Rand das Gummi einziehen und zusammennähen, so dass der untere Rand gekräuselt ist.

5 Den Schlauch wenden und das Stoffband am oberen Rand gegenüber voneinander feststecken und festnähen.

Tipp: Den Schlauch kann man auch prima zur Aufbewahrung von Stofftaschen nutzen.

GLÄSER ZUM EINKAUFEN

MIT BESCHRIFTUNG

Ihr erinnert euch an meine Gurkengläser aus der Einleitung? Hier kommt die Premiumvariante. Denn was ich mittlerweile gelernt habe: Schreib immer drauf, was du gekauft hast, sonst weißt du nachher nicht mehr, ob es Mehl, Puderzucker oder Eiersatz ist. Die Gläser sind besonders für Nährmittel geeignet, die feucht oder fein gemahlen sind.

MATERIAL
- Gespülte Marmeladengläser
- Tafelfarbe in Schwarz
- Kreidemarker

1 Deckel gut spülen und darauf achten, dass keine Kleberreste mehr dran sind.

2 Deckel mit Tafelfarbe vollständig anmalen.

3 Wenn gewünscht auch einen Streifen auf der Seite applizieren.

4 Mit dem Kreidemarker den Einkaufsinhalt daraufschreiben.

5 Bei einem Neueinkauf den Kreidemarker abwischen und den Deckel neu beschriften.

Tipp: Schön einheitlich sehen die Deckel auch aus, wenn man die Schrift mit einem Beschriftungsgerät ausdruckt und aufklebt.

Schoko-drops

Linsen

Mehl

Nüsse

DAS BEEREN-DECKELCHEN

FÜR SÜSSE FRÜCHTCHEN

Macht man sich Gedanken über das Einkaufen und seine Tücken, dann fällt einem früher oder später das Erdbeerschälchen ein, das IMMER umkippt und seinen Inhalt in der Tasche verteilt. Eine Lösung sind die Hauben von Seite 58, aber ich wollte zusätzlich einen Schutz, damit nichts von oben die Erdbeeren zerdrücken kann. Voilà, das Beerendeckelchen!

GRÖSSE
10 cm x 20 cm x 8 cm

MATERIAL
- Rattan-Geflecht, 34 cm x 26 cm
- Leder- oder Stoffband eurer Wahl
- Tackerklammern

SKIZZE
- siehe Seite 102

1 Weicht das Rattan-Geflecht ca. 30 Minuten in Wasser ein.

2 Schneidet das Geflecht zu: Für eine klassische Erdbeerschale benötigt man 18 cm x 10 cm Grundfläche und 8 cm Rand. Ihr solltet hier durchaus noch etwas Material einplanen, da das Geflecht an den Stellen durchtrennt werden muss, die das Material vorgibt.

3 An der gestrichelten Linie einschneiden und an den Doppellinien im rechten Winkel biegen.

4 A hochklappen

5 B von außen umklappen und mit dem Bürotacker ganz unkompliziert mit A an mehreren Stellen verbinden (überschüssiges Material von B abschneiden).

6 C von außen umklappen und überschüssiges Material von C abschneiden.

7 Oben mit A B verbinden und unten nur mit B verbinden.

8 Zur Dekoration könnt ihr ein ca. 2 cm breites Leder- oder Stoffband am Rand festkleben – das sieht nicht nur schöner aus, sondern verhindert auch, dass das Geflecht ausfranst.

VERPACKEN & AUFBEWAHREN

SO FÜHLT SICH ALLES WOHL

Bisher war ich nur mäßig motiviert, um mich mit dem Thema „Aufbewahren von Lebensmitteln" zu beschäftigen. Den Einkauf nach Hause zu schleppen war schon anstrengend genug, warum sollte ich mir da auch noch Gedanken um die richtige Lagerung machen? Küchenschrank auf und gut. Lediglich die Kartoffeln, die ich mangels Keller regelmäßig zum Keimen brachte, ärgerten mich ab und an.

Das änderte sich schlagartig, als ich mehrere Monate hintereinander Lebensmittel wegwerfen musste, weil sich Motten eingenistet hatten. Mich ärgerte dabei nicht nur, dass ich Lebensmittel entsorgen musste und somit verschwendete, sondern dass sie es immer wieder in meinen Vorratsschrank geschafft haben. Dabei putze ich ihn regelmäßig mit Essigwasser. Aber woran lag es? Und warum schimmelte Brot manchmal so schnell?

Um das Thema Motten vorwegzunehmen: Meistens bringt man die Schädlinge vom Einkaufen mit nach Hause: im Müsli, im Mehl, in der Einkaufstasche, im Tierfutter … Das geht gerade bei Bioprodukten ziemlich schnell und hat nichts mit mangelnder Hygiene zu tun. Aber im zweiten Schritt liegt es doch auch an der falschen Lagerung der Lebensmittel.

Wenn man jedoch ein paar grundsätzliche Regeln bei der Lebensmittellagerung beachtet, dann halten sie länger und die Schädlinge haben keine Chance. Und auch sonst kann man auf Vieles achten, um länger Freude an den Einkäufen zu haben.

VERPACKEN UND AUFBEWAHREN 43

DAS OMINÖSE MHD

Der erste Blick gilt der Verpackung: Dort steht meistens ziemlich genau, was wie am besten aufbewahrt wird (z. B. „kühl und trocken lagern") und wie lange es haltbar ist. Bei den „trockenen" Lebensmitteln gilt das MHD – das Mindesthaltbarkeitsdatum. Das bedeutet, dass es MINDESTENS bis zum angegebenen Datum haltbar ist. Danach kann Geschmack oder Konsistenz etwas verändert sein, aber es ist noch verzehrbar. Hier entscheidet der gesunde Menschenverstand: Haltet die Nase rein und schaut es euch gut an – den meisten Lebensmitteln sieht man es an (Schimmelbildung) oder man riecht es, wenn sie verdorben sind.

WAS WIRD WIE AM BESTEN GELAGERT?

Damit sich eure Lebensmittel auch richtig wohl bei euch fühlen, gibt es ein paar Tipps. Grundsätzlich sollte man sie trocken, kühl und lichtgeschützt verstauen. Aber jedes Produkt hat natürlich dazu noch seine besonderen Anforderungen.

BROT
Brot und Brötchen sollte man immer luftdurchlässig verpacken, da sonst Schimmel entsteht. Mit einem Küchentuch in einem Brotkasten oder Steintopf – so bleibt es am längsten frisch. Weizenbrot ist etwa 1–2 Tage haltbar, Vollkornbrot bis zu 10 Tage. Knäckebrot und Zwieback hält sich ungefähr ein Jahr. Und: Wer wie ich ein bisschen bequem ist und sein Brot beim Bäcker schneiden lässt, der sollte es schnell verbrauchen. Denn Schnittbrot schimmelt schneller als der ganze Laib, da die Angriffsfläche für Schimmelsporen größer ist. Zusätzlich sollte man regelmäßig die alten Brotkrümel im Kasten entfernen, da sie der perfekte Nährboden für Schimmelpilze sind.

TROCKENPRODUKTE
Zucker ist ein Sonderfall, da er nahezu unbegrenzt haltbar ist. Aber auch Honig und Salz sind bei trockener Lagerung sehr lange haltbar. Nudeln, Reis, Grieß, Haferflocken, Mais, Grünkern, Stärke, Paniermehl, Couscous, Bulgur und getrocknete Hülsenfrüchte mögen es gerne trocken, vorzugsweise bei einer Temperatur von 15 bis 20 Grad. Ideal ist für sie eine Aufbewahrung in dicht schließenden Behältern, in denen sie bis zu einem Jahr lang halten.

KARTOFFELN
Der optimale Lagerort für Kartoffeln ist 4 bis 5 Grad kühl, feucht, dunkel und luftig. Die Küche ist dafür also nicht geeignet – ein Keller oder eine Vorratskammer sind optimal. So eingelagert sind Kartoffeln bis zu 8 Monate haltbar. In Körben oder Holzkisten fühlen sie sich in der Dunkelheit am wohlsten, keimen nicht und werden auch nicht muffig, da sie genug Luft bekommen.

KONSERVEN
Dosen mögen es trocken, luftig und unter 20 Grad – so können sie mehrere Jahre haltbar sein. Immer den jeweiligen Lagerhinweis und das Mindesthaltbarkeitsdatum beachten.

EINGEMACHTES, MARMELADEN, BROTAUFSTRICHE
Marmeladen, Konfitüren oder Nuss-Nougat-Creme mögen es ebenfalls kühl und dunkel. Nach ihrem Anbruch sollten die Lebensmittel – ausgenommen Nuss-Nougat-Creme – im Kühlschrank aufbewahrt werden. Dabei darauf achten, dass Eingelegtes mit Flüssigkeit bedeckt ist, da es sonst austrocknet. Ansonsten können Marmeladen und Eingemachtes jahrelang im Keller gelagert werden – fest verschlossen schimmeln sie nicht, verlieren aber mit der Zeit an Aroma.

ESSIG UND ÖL

Öle sollten an einem dunklen und normal temperierten Ort (nicht im Kühlschrank) gelagert werden. Das Tageslicht kann nämlich wichtige Inhaltsstoffe zerstören und lässt Öl schneller ranzig werden. Angebrochene Flaschen Speiseöl sind nur wenige Wochen haltbar. Essig sollte ebenfalls vor zu viel Helligkeit und Wärme geschützt werden. Denn davon kann sich Essigmutter im Essig bilden und er verdirbt.

GEWÜRZE

Ich wiederhole mich, aber auch Gewürze mögen es dunkel, trocken, kühl und luftdicht verschlossen. Wärme und Feuchtigkeit beeinflussen das Aroma negativ und lassen sie sogar schimmeln. Ungemahlene Gewürze bleiben übrigens am längsten frisch. Die schlechte Nachricht zum Schluss: Gemahlene Gewürze behalten geöffnet nur wenige Wochen ihren vollen Geschmack. Kauft also am besten immer nur kleine Mengen, die ihr zeitnah verbraucht.

KAFFEE, KAKAO UND TEE

Auch sie mögen es trocken, kühl und eher dunkel. Am besten werden sie in einer Dose mit einem gut schließenden Deckel aufbewahrt, bei einer Temperatur um die 19 Grad. Matcha-Tee sollte in einer luftdichten Verpackung im Kühlschrank lagern. Das Mindesthaltbarkeitsdatum spielt bei diesen Getränken eher eine Nebenrolle, aber irgendwann verlieren Tee oder Kaffee ihr Aroma.

WOHIN MIT DEN SACHEN?

Nun wissen wir, wie man die Vorräte am besten lagern sollte. Aber welches ist der geeignetste Ort? Ihr erinnert euch an „kühl, trocken und dunkel"? Das Optimum wäre ein trockener Keller oder ein schön dunkler Vorratsschrank. Schaut, dass er gut schließt und nicht direkt neben einer Heizung steht. Denn dunkel und warm hat auf einige Lebensmittel eine fatale Wirkung. Die geschlossene Originalverpackung ist für die Vorratshaltung nicht immer optimal, da viel Ungeziefer beispielsweise durch Papiermehltüten durchkrabbeln kann.

Perfekt ist es, wenn man seine Lebensmittel dekantiert und in Behälter abfüllt. Dabei solltet ihr darauf achten, dass diese drei Voraussetzungen erfüllen: Sie sollten transparent sein, dicht schließen und den Schrankplatz optimal nutzen.

Warum transparent? So sieht man sofort den Inhalt und den aktuellen Füllstand. Beschriftet sie auf jeden Fall, da man manchmal schwer erkennt, ob es sich beispielsweise um Dinkel- oder Buchweizenmehl handelt. Im Moment des Umfüllens scheint das immer klar, aber ich wette, dass ihr zwei Wochen später schon nicht mehr wisst, welche Mehlsorte es ist. Und noch ein Tipp: Einfach das Mindesthaltbarkeitsdatum (MHD) aus der Packung ausschneiden und mit Klebeband auf den Behälter kleben. Wenn ihr neue Dosen einkauft, dann entscheidet euch am besten für Glas: Sie sind umweltfreundlicher und halten auch meistens länger.

Warum der Behälter dicht schließen sollte? Ich habe es bereits erwähnt: Es waren Motten und andere Schädlinge – im Keller vielleicht sogar ein Mäuschen. Meiner Erfahrung nach ist ein Mix aus sehr großen und mittleren Dosen optimal. Sie nutzen den Platz gut aus und es werden maximal zwei Behälter übereinandergestapelt.

ICE, ICE, BABY! DAMIT DER KÜHLSCHRANK AUCH WIRKLICH ALLES FRISCH HÄLT

Ich habe im Laufe meines „Ordnungslebens" schon viele Kühlschränke von innen gesehen. Und in den meisten herrschte ein gewisses Chaos. Ich habe lange darüber nachgedacht, warum das so ist, denn eigentlich hat ja ein Kühlschrank von vornherein eine perfekte Unterteilung. Wahrscheinlich liegt es daran, dass es eines der wenigen Möbel ist, das permanent von allen Bewohnern genutzt wird.

Damit ein Kühlschrank unsere Lebensmittel auch wirklich frisch hält, gibt es ein paar Dinge, die ihr beachten solltet. Und wenn wir schon dabei sind, ihn neu zu ordnen, ist das natürlich die perfekte Gelegenheit, ihn mal wieder richtig sauber zu machen. Also fangen wir mit diesem lästigen Teil an:

SCHRITT 1: NIMM ALLES AUS DEM KÜHLSCHRANK RAUS

Nimm alle Produkte sowie Schubladen und Einsätze aus dem Kühlschrank und lege sie auf deine Arbeitsplatte. Sollten ganz leicht verderbliche Sachen dabei sein und es richtig heiß sein, dann lagere sie beim Nachbarn ein.

SCHRITT 2: ALLES SORGFÄLTIG REINIGEN

Wenn der Kühlschrank komplett ausgeräumt ist, reinige ihn mit einer antibakteriellen Lösung. Das kann ein konventioneller Reiniger sein, aber auch eine Mischung aus Essigessenz und Wasser, die ebenfalls sehr gut wirkt. Alle Ecken auswischen und wirklich alle Teile (wie deine Eierschale, Regale, Griffe) abwaschen. Manchmal ist es ganz sinnvoll, nach dem Reinigen die Schubladen mit einem Küchentuch auszulegen. Das hat den großen Vorteil, dass es bei Verschmutzung ganz einfach ausgetauscht werden kann.,

SCHRITT 3: WAS DARF BLEIBEN UND WAS KOMMT WEG?

Was verdorben ist, wird weggeworfen. Das heißt aber nicht, dass ein um ein paar Tage abgelaufenes MHD bedeutet, dass ein Lebensmittel wirklich schlecht ist. Vertraue deiner Nase und dem Geschmackssinn. Nur Dinge mit einem abgelaufenen Verfallsdatum („verbrauchen bis") werden weggeworfen – diese aber bitte unbedingt! Schaut euch genau an, was sonst so in eurem Kühlschrank „wohnt". Kann eventuell die Grillsoße aus dem vorletzten Jahr weg, weil niemand sie mag? Schau kritisch, was alles im Kühlschrank aufbewahrt und vielleicht nie gegessen wird.

SCHRITT 4: TUBEN UND DECKEL REINIGEN

Wische Dinge wie Gewürzdosen oder Soßenflaschen ab, die klebrig sind. Öffne die Deckel von verschmutzten Flaschen und Gläsern und achte darauf, sie innen abzuwischen. Alles wieder gut verschließen.

SCHRITT 5: DIE KÜHLSCHRANK-ORDNUNG VORBEREITEN UND LEBENSMITTEL GRUPPIEREN

Im nächsten Schritt wird gruppiert und die neue Kühlschrank-Ordnung eingerichtet. Auf der Ablage alle Lebensmittel mit ihren jeweiligen „Familienmitgliedern" zusammenstellen: Milchprodukte, Wurst & Fleisch, Gemüse, Gewürzsoßen, Getränke etc. So habt ihr schnell einen guten Überblick, was und wieviel von allem vorhanden ist.

SCHRITT 6: VORBEREITETES ESSEN UND RESTE GUT VERPACKEN

Das Curry von der letzten Bestellung beim Inder schwappt noch in der Aluverpackung herum? Dann füllt es um in ein gut schließendes Gefäß. Verpacke fertige Mahlzeiten und Reste in platzsparende Container oder Gläser und beschrifte sie, damit jeder weiß, was es ist und wann es verbraucht werden sollte. Aber auch in Kartons oder Schalen gekaufte Lebensmittel sollten direkt umgepackt werden, damit sie länger haltbar sind.

SCHRITT 7: PLANEN

Bevor es ans Einräumen geht, sollten wir uns Gedanken machen, was wir von unserem Kühlschrank und seiner neuen Ordnung erwarten:

Frage 1: Was SOLL der Kühlschrank leisten?

Was benutze ich sehr oft und lagere es dort permanent? Worüber ärger ich mich immer (z.B. herumrollende Flaschen, schwer erreichbare Dinge)? Möchte ich gesünder essen? Dann müssten die gesünderen Nahrungsmittel auf Augenhöhe gelagert werden. Oder habe ich Kinder, die leicht an etwas herankommen sollen? Und: Backe ich vielleicht gerne und benötige höhere Fächer zum Kühlen von Torten im Kühlschrank?

Frage 2: Was KANN der Kühlschrank leisten?

Einfach mal den Kühlschrank ausmessen, um zu sehen, wie viel Raum zur Verfügung steht. In Verbindung mit deinen oben bedachten Bedürfnissen werden nun perfekt passende Behälter besorgt. Um den Platz optimal zu nutzen, eignen sich quadratische oder rechteckige Behälter am besten – runde nehmen sehr viel mehr Raum weg. Überleg dir, Sachen umzufüllen, da viele Soßen oder Gewürze unterschiedliche Formen haben, die nebeneinander sehr viel Raum einnehmen. Wenn es Sinn macht, dann tu es.

SCHADSTOFFE IN LEBENSMITTELVERPACKUNGEN

Theoretisch dürfen aus Verpackungen keine Inhaltsstoffe oder Bestandteile in Lebensmittel übergehen, die die Gesundheit gefährden können. Tatsächlich sieht es in der Praxis ganz anders aus und gesundheitsschädigende Rückstände gelangen dadurch in unsere Nahrungsmittel. Leider gibt es bisher auf europäischer Ebene keine hinreichende Harmonisierung der Vorschriften für Lebensmittelkontaktmaterialien – sogar für Papier, Glas und Metalle fehlen diese Regelungen. Phthalate, die als Weichmacher in Kunststoffen eingesetzt werden, sind beispielsweise in Textilien schon verboten, in Trinkflaschen jedoch weiterhin erlaubt. Ein Grund mehr, so wenig wie möglich Verpackungen mit nach Hause zu bringen oder sie direkt zu ensorgen.

SCHRITT 8: DEN KÜHLSCHRANK EINRÄUMEN

Grundsätzlich solltest du nur die Lebensmittel im Kühlschrank aufbewahren, die auch im Supermarkt im Kühlregal zu finden sind. Darüber hinaus macht es Sinn, bestimmte Lebensmittel, deren Packungen du geöffnet hast, anschließend in den Kühlschrank zu tun. Das ist meistens auf den Gläsern oder Behältern vermerkt.

SCHRITT 9: BESCHRIFTEN

Dies ist besonders dann sinnvoll, wenn man den Kühlschrank mit anderen teilt. Beschrifte jede Schublade und auch die Behälter.

SCHRITT 10: LASS FREIEN PLATZ

Der Kühlschrank ist eingeräumt? Dann versuche, Raum in deinem Kühlschrank zu lassen für Essensreste, das spontan gekaufte Erdbeerschälchen oder die Flasche Rosé, die für abends gekühlt werden soll. Denn oft bringen diese Einkäufe die schöne Ordnung wieder komplett durcheinander.

DIESE OFT IM KÜHLSCHRANK AUFBEWAHRTEN LEBENSMITTEL MÜSSEN TATSÄCHLICH NICHT GEKÜHLT WERDEN:

Einige Gemüse- und Obstsorten: Hierzu zählen wasserreiches Gemüse wie Tomaten, Gurken und Paprika, aber auch Avocados und Auberginen.

Beeren und Zitrusfrüchte verlieren im Kühlschrank ihr Aroma.

Frische Eier: Das liegt daran, dass Eier im Kühlschrank Vitamine verlieren. Nach drei Wochen sollten frisch gekaufte Eier aber aus Gesundheitsgründen trotzdem gekühlt werden.

Auch **Öle** gehören nicht in den Kühlschrank. Viele legen ihre **Schokolade** im Sommer in den Kühlschrank, was zu einem Kälteschock führt. Die enthaltene Kakaobutter verfestigt sich und der zarte Schmelz ist auch nach Erwärmen weg.

VERPACKEN UND AUFBEWAHREN 49

Die unterschiedlichen Zonen des Kühlschrankes können gezielt dazu genutzt werden, Lebensmittel noch besser zu lagern. Das bedeutet, dass die verschiedenen Speisen im Kühlschrank länger frisch bleiben.

OBERSTES FACH:
Hier herrschen Temperaturen von 8 bis 10 Grad und es ist der wärmste Bereich im Kühlschrank. Dort werden lang haltbare Lebensmittel, geöffnete Packungen, Käse und gekochtes Essen aufbewahrt.

MITTLERES FACH:
Hier ist es mit circa 5 Grad schon kühler. Auf den mittleren Einlegeböden sind Milchprodukte wie zum Beispiel Joghurt, Milch und Sahne gut aufgehoben.

UNTERES FACH:
Hier ist es am kältesten, weswegen es für leicht verderbliche Lebensmittel wie frisches Fleisch, Fisch und Wurst perfekt ist.

GEMÜSEFACH (GANZ UNTEN):
Eine besondere Temperaturzone ist das Gemüsefach. Der Name sagt es bereits: Dieses Fach ist für Obst und Gemüse gedacht. Es besteht aus Kunststoff und ist von oben durch eine Glasplatte abgeschlossen. Sie sorgt dafür, dass die kalte Luft nicht nach unten sinken kann. Das führt dazu, dass es unterhalb der kältesten Stelle des Kühlschrankes wieder wärmer wird.

TÜRFÄCHER:
Sie sind vor allem für Produkte geeignet, die Temperaturschwankungen gut mitmachen. Dazu gehören Getränke, Butter, Eier und Saucen, die bei 8 Grad gelagert werden sollten. Die Tür eignet sich hervorragend für Lebensmittel, die eine lange Haltbarkeit haben und vor allem aus geschmacklichen Gründen gekühlt werden.

Wenn ihr mehrere Produkte von einer Sorte habt, dann stellt das am kürzesten haltbare immer nach vorne. So gibt es schnell eine perfekte Kühlschrank-Ordnung, die funktioniert und nicht sofort wieder zerstört wird.

VORRATSGLÄSER BESCHRIFTEN

MIT LACKSTIFT

Ich habe lange nach einer Methode gesucht, um meine Vorräte einheitlich zu beschriften. Aufkleber mag ich nicht, da sie auf großen Gläsern oft nicht optimal anliegen oder feiner Staub - wie von Mehl - sich an die Ränder setzt. Also per Hand selbst beschriften. Diese Idee, die ich euch hier vorstelle, ist so einfach wie genial. Denn sie ist für alle, die wie ich auf wunderschön beschriftete Gläser stehen, aber keine Handletteringkünstler sind. Es ist wirklich einfach, macht aber etwas her!

MATERIAL
- Lackstift
- Einmachgläser
- Klebestreifen

1 Sucht euch eine passende Schrift in eurem Textbearbeitungsprogramm. Wenn ihr etwas Besonderes sucht, dann findet ihr weitere Schriften im Internet unter dem Suchbegriff FREE FONTS. Wenn ihr auf einer Seite mit Schriften seid, dann könnt ihr weitere Suchen wie „Handwritten/Handlettering/Calligraphy" eingeben.

2 Eure Begriffe in der passenden Größe auf ein Papier schreiben und ausdrucken.

3 Den Ausschnitt des Papieres von innen im Glas mit Klebestreifen grob festkleben und die Schrift mit dem Lackstift nachmalen

4 Papier entfernen und das Glas befüllen.

Tipp: Wer eine schöne Handschrift hat oder Handlettering beherrscht, kann seinen Gläsern auch einen individuellen Touch geben. Auch Ornamente und kleine Symbole sehen toll aus.

VERPACKEN UND AUFBEWAHREN

KREIDEMARKER-ETIKETTEN

FÜR GEWÜRZGLÄSER

Ich bin ein Gewürzjunkie und lasse mich gerne auch mal zu exotischen Experimenten verführen. Wenn aber die indonesische Gewürzmischung irgendwann aufgebraucht ist, wartet meistens schon eine neue Mischung auf den Einzug in die Gewürzschublade. Altes Etikett ab und neues drauf? Mit Kreidemarker-Etiketten funktioniert es viel einfacher, da der Name wie Kreide abgewischt und ausgetauscht werden kann.

MATERIAL:
- Identische Gläser eurer Wahl
- Klebe-Etiketten
- Tafellack
- Kreidestift

1 Sucht euch identische Gläser – gerne auch gebraucht.

2 Nun wird der Klebeetikettenbogen komplett mit Tafellack angemalt.

3 Wer mag, der kann nach dem Trocknen die Etiketten mit einem Stanzer ausschneiden oder ihr klebt sie direkt auf die Gläser.

4 Deckeletiketten ausschneiden oder ausstanzen.

5 Mit dem Kreidestift die Gläser entsprechend beschriften und bei Bedarf wieder ändern.

Tipp: Selbstverständlich kann man die Tafelfarbe auch direkt auf die Gläser auftragen. Ein grober Streifen mit einem großen Pinsel gibt einen tollen Look.

BROTBEUTEL

FÜR UNTERWEGS UND ZU HAUSE

Egal, ob zum Einkaufen beim Bäcker oder zum Aufbewahren zu Hause – Brotbeutel aus Leinen sind der ideale Ort, um eure Backwaren unterzubringen. Und mit ein paar Handgriffen und ein bisschen Stempelfarbe werden sie zu echten Hinguckern und zu begehrten Geschenken!

GRÖSSE
- 30 cm x 20 cm

MATERIAL
- Leinenstoff, 2x 30 cm x 20 cm
- Baumwollband, 80 cm lang
- Buchstabenstempel
- Stempelfarbe für Stoff

1 Stoffteile zuschneiden.

2 Jeweils rechts und links ca. 0,5 cm umschlagen und umbügeln. Knappkantig absteppen.

3 Am oberen Rand jeweils 2 cm doppelt einschlagen, feststecken und einen Tunnel nähen.

4 Beide Stoffteile rechts auf rechts zusammenstecken Seitennähte und die untere Naht schließen. Die Seitennähte enden an der Naht für den Tunnelzug. Wer es besonders ordentlich mag, wählt französische Nähte.

5 Wenden. Nun den Beutel mit den Stempeln bedrucken und mit dem Bügeleisen von hinten fixieren.

6 Band durch den Tunnel ziehen.

Tipp: Richtig klasse sieht die Bestempelung aus, wenn man noch mehr Worte aus dem Lebensmittelbereich im Kreuzworträtsel-Stil aufbringt und die gesamte Beutelfront als Stempelfläche nimmt.

BAGUETTE-BEUTEL

FÜR LANGE BROTE

Hier kommt die große Beutelvariante für Baguette, Ciabatta und große Brötchenmengen.

GRÖSSE
- 43 cm x 26 cm

MATERIAL:
- Leinenstoff, 2x 45 cm x 28 cm
- Baumwollband, 80 cm lang
- Buchstabenstempel
- Stempelfarbe für Stoff

1 Stoffteile zuschneiden.

2 Jeweils rechts und links ca. 0,5 cm umschlagen und umbügeln. Knappkantig absteppen.

3 Am oberen Rand jeweils 2 cm doppelt einschlagen, feststecken und einen Tunnel nähen.

4 Beide Stoffteile rechts auf rechts zusammenstecken Seitennähte und die untere Naht schließen. Die Seitennähte enden an der Naht für den Tunnelzug. Wer es besonders ordentlich mag, wählt französische Nähte.

5 Wenden. Nun den Beutel mit den Stempeln bedrucken und mit dem Bügeleisen von hinten fixieren.

6 Band durch den Tunnel ziehen.

VERPACKEN UND AUFBEWAHREN

HAUBEN FÜR SCHÜSSELN

FÜR DEN KÜHLSCHRANK

Puddingreste im Dessertschüsselchen? Die Obstsalatschüssel braucht ein Schutzschild gegen Wespen? Diese Hauben erinnern zwar auf den ersten Blick an Duschhäubchen, sie sind jedoch die perfekte Abdeckung für all eure Schüsseln im Haushalt. Ihr könnt sie in den unterschiedlichsten Größen produzieren – die angegebenen Durchmesser sind nur ein Vorschlag. Nehmt einfach eine Schüssel und zeichnet ihren Rand auf. Dazu müsst ihr dann rundherum noch ca. 5 cm dazurechnen und – voilà – habt ihr eure perfekte Abdeckung. Da sie sehr dehnbar ist, passt sie wahrscheinlich wie bei mir auf verschiedene Schüsselgrößen.

GRÖSSE
- ø 20 cm

MATERIAL
- Stoffkreis aus Baumwolle, ø 25 cm
- Stoffkreis aus Wachstuch, ø 25 cm
- Gummiband, ca. 20 cm lang

1 Die beiden Stoffkreise rechts auf rechts aufeinander legen.

2 Knappkantig absteppen und eine Wendeöffnung lassen.

3 Die Haube wenden und am Rand rundrum eine ca. 1 cm vom Rand entfernte Naht nähen.

4 Das Gummiband einziehen und auf die gewünschte Länge einkürzen, damit die Haube gut sitzt. Das Band zusammennähen

5 Die Wendeöffnung knappkantig mit der Hand schließen.

Tipp: Die Häubchen kann man auch direkt auf halbe Pampelmusen oder Avodados als Schutz spannen.

BIENENWACHS-TÜCHER

UND IHRE VEGANE ALTERNATIVE

Wachstücher sind die nachhaltige Alternative für Menschen, die Frischhaltefolie ersetzen möchten. Bienenwachstuch ist dafür mittlerweile eine recht populäre Möglichkeit, aber nicht jeder möchte tierische Produkte verwenden. Und so habe ich dies für euch zusätzlich in einer veganen Alternative vorbereitet.

MATERIAL
- Stoff eurer Wahl (wenn neu, dann bitte vorher waschen)
- Beerenwachs (Japanwachs)
- Zackenschere
- Bügeleisen
- Backpapier
- Silikonpinsel

VEGANES WACHS:

1 Stoff mit der Zackenschere in gewünschter Größe ausschneiden.

2 Japanwachs im Wasserbad schmelzen.

3 Mit Silikonpinsel den Stoff vollständig bestreichen.

4 Zwischen zwei Backpapierlagen legen und von der Mitte nach außen bügeln – das überschüssige Wachs wird an der Seite herausgepresst.

5 Backpapier abziehen und Wachstuch hart werden lassen.

MATERIAL
- Stoff eurer Wahl (wenn neu, dann bitte vorher waschen)
- Bienenwachspastillen in Bio-Qualität
- Oliven- oder Jojobaöl

MIT BIENENWACHS:

1 Stoff mit der Zackenschere in gewünschter Größe ausschneiden.

2 Backpapier auf ein Backblech legen und den Stoff darauf ausbreiten.

3 Mit dem Silikonpinsel den Stoff leicht mit Oliven- oder Jojobaöl einstreichen.

4 Bio-Bienenwachs auf das Tuch geben und bei 90 Grad für 5-7 Minuten in den Backofen geben, bis das Wachs gleichmäßig geschmolzen ist.

„WASCHMITTEL" FÜR OBST

GEGEN PESTIZIDE

Wer gerne Obst mit Schale isst, geht oft das Risiko ein, damit Pestizide zu sich zu nehmen. Dagegen gibt es jedoch ein sehr wirksames Mittel: US-Lebensmittelforscher haben in einem Experiment ermittelt, dass Natron sich sehr gut dazu eignet, Pestizid-Rückstände von Obst zu entfernen. Einfach mit in das Waschwasser geben und 15 Minuten einwirken lassen.

MATERIAL
- Sprühflasche zum Verdünnen des Natrons oder eine Dose mit Natron
- Natron

1 1 Teelöffel Natron in 200 ml Leitungswasser geben.

2 Beides kurz miteinander verrühren, bis sich das Natron aufgelöst hat.

3 Das Obst oder Gemüse 15 Minuten lang in der Lösung einwirken lassen und anschließend abtrocknen.

Tipp: Das Obst erst kurz vor dem Verzehr reinigen, da bei der Reinigung auch die natürliche Schutzschicht der Schale angegriffen wird.

SALAT-AUFBEWAHRUNG

DAMIT NICHTS SCHLAPP MACHT

Im Einkaufskorb ist er noch super frisch, aber nach einem Tag lässt der Salat die Blätter hängen? Ich habe hier den ultimativen Trick, damit Salat lange schön knackig bleibt! Die Tasche ist aus einem Frotteehandtuch genäht, das ihr nass macht. Danach gut auswringen und den Salat im Ganzen oder auch schon geputzt hineingeben und im Kühlschrank lagern.

GRÖSSE
- 50 cm x 45 cm

MATERIAL
- Ein Frottee-Handtuch
- Baumwollband, 70 cm lang
- Lederband, 2,5 cm x 4 cm

1 Handtuch jeweils rechts und links ca. 0,5 cm umschlagen und umbügeln. Knappkantig absteppen.

2 Am oberen Rand jeweils 2 cm doppelt einschlagen, feststecken und einen Tunnel nähen.

3 Beide Stoffteile rechts auf rechts zusammenstecken, Seitennähte schließen. Die Seitennähte enden an der Naht für den Tunnelzug.

4 Wenden. Band durch den Tunnel ziehen.

5 Zur Dekoration ein kleines Lederfähnchen anbringen.

Tipp: Auch abgepackter Pflücksalat sollte immer noch mal gewaschen werden, da sich in den Tüten gerne Bakterien vermehren.

LAGERN

COOLE KÜCHENIDEEN

Wisst ihr, warum das sorgfältige und optisch ansprechende Aufbewahren von Lebensmitteln so wichtig ist? An erster Stelle steht natürlich, dass wir unsere Nahrungsmittel nicht verschwenden und sie sorgfältig und gut geplant verarbeiten möchten.

Es hat aber noch einen ganz anderen Grund: In unserer Zeit, in der Lebensmittel immer und überall verfügbar sind, ist die Wertschätzung für unsere Nahrungsmittel vielfach verloren gegangen. Geben wir ihnen jedoch einen Rahmen, in dem sie geschätzt und präsentiert werden, dann geben wir ihnen diese zurück und machen uns dankbar für das, was wir haben.

Je schöner und liebevoller ihr eure Lebensmittel in Szene setzt, umso glücklicher macht euch auch ihr Verzehr. Das mag jetzt vielleicht etwas esoterisch klingen, aber versucht es selbst! Mehl aus schön beschrifteten Gläsern macht viel mehr Spaß in eine Rührschüssel zu füllen, als aus einer halbaufgerissenen Mehltüte. Ein gut sortiertes Gewürzregal bereitet viel mehr Freude als die verzweifelte Suche in der gesamten Küchenschublade, um den roten Pfeffer zu finden. Lagert eure Nahrungsmittel gut, gebt ihn einen schönen Rahmen.

AUF GUTE NACHBARSCHAFT

Ist euch schon mal aufgefallen, dass Bananen in Gegenwart von Äpfeln schneller verderben? Das liegt daran, dass bestimmte Obst- und Gemüsesorten nach der Ernte nachreifen und dabei das Reifegas Ethylen abgeben. Dazu gehören zum Beispiel Äpfel, Bananen oder Tomaten.

Das bedeutet auch, dass es empfindliche Sorten gibt, die durch das Reifegas schneller verderben. Dazu gehören Obst- und Gemüsesorten wie Mandarinen oder Salate, die nach der Ernte nicht nachreifen. Sie verlieren nur an Frische und Qualität. Aber auch Ethylen abgebende Früchte selbst reagieren empfindlich auf das Gas.

OBST- UND GEMÜSESORTEN, DIE ETHYLEN ABGEBEN UND EINZELN ODER MIT UNEMPFINDLICHEN SORTEN AUFBEWAHRT WERDEN SOLLTEN:

- Äpfel
- Avocados
- Birnen
- Guaven
- Kiwis
- Nektarinen
- Paprika
- Passionsfrüchte
- Tomaten
- Zwetschgen
- Aprikosen
- Bananen
- Feigen
- Heidelbeeren
- Mangos
- Papayas
- Pfirsiche
- Pflaumen
- Wasser- und Honigmelonen

OBST- UND GEMÜSESORTEN, DIE NICHT NACHREIFEN UND DESHALB EMPFINDLICH AUF ETHYLEN REAGIEREN:

- Ananas
- Brombeeren
- Brokkoli
- Clementinen
- Granatäpfel
- Gurken
- Kirschen
- Limetten
- Litschis
- Möhren
- Salate
- Zitronen
- Auberginen
- Blumenkohl
- Chinakohl
- Gemüsepaprika
- Grapefruit
- Himbeeren
- Kopfkohl
- Limonen
- Mandarinen
- Orangen
- Trauben

GANZ UNBEDENKLICH KÖNNT IHR MIT ANDEREM OBST UND GEMÜSE LAGERN:

- Kartoffeln
- Zucchini
- Kürbisse
- Zwiebeln

TIPPS, WIE MAN SEINE LEBENSMITTEL AM BESTEN ORGANISIERT

Ich gehe mal davon aus, dass die wenigsten von uns eine Speisekammer besitzen. Also müssen wir Normalsterblichen schauen, wie wir das mit unseren häufig nicht so optimalen Bedingungen hinbekommen.

Ich verrate euch meine wichtigsten Tipps, um eure Lebensmittel und Vorratsregale am besten zu ordnen und zu organisieren. Ziel ist eine sinnvolle Aufbewahrungsweise, die nicht nur praktisch ist, sondern auch optisch ansprechend.

1 LIKE WITH LIKE

„Like with Like" ist die am meisten genutzte Ordnungsstrategie, um Vorräte zu organisieren und anzulegen. Auf gut Deutsch: Gleiches zu Gleichem. Das bedeutet, dass beispielsweise Flüssiges wie Öle, Essig und Soßen zusammen, Gewürze nebeneinander, Brotaufstriche gemeinsam und Pasta an einer Stelle aufbewahrt werden. Um diese Ordnung zum ersten Mal einzurichten, holt ihr am besten alle Lebensmittel aus den Schränken und gruppiert sie auf dem Küchentresen zu „Wohngemeinschaften". Dann sucht ihr den perfekten Platz im Regal oder in den Schränken und ordnet sie wieder ein.

Wer etwas Neues ausprobieren möchte, der legt sich kleine "Nutzungsinseln" an. Dabei geht es um Effizienz für den Alltag. So stellt man oft genutzte Gewürze an eine leicht zugängliche Stelle. Oder man richtet sich eine Frühstücksstation mit Müsli, Marmelade, Aufstrichen und der Kaffeemaschine ein. Macht euch ein paar Gedanken und packt beispielsweise Pausenbrotschubladen zusammen oder Fitness-Studio-Boxen.

2 FIRST-IN-FIRST-OUT

Älteres immer nach vorn: Neue Vorräte stellt ihr nach hinten, damit zuerst die älteren Lebensmittel verbraucht werden. So vermeidet ihr, dass Dinge schlecht werden, von denen ihr mehrere besitzt. Und: Nahrungsmittel, die man häufig oder gar täglich verwendet, gehören in Griffnähe.

3 GUTE NACHBARSCHAFT

Ich hatte es schon erwähnt: Manche Lebensmittel sind keine guten Nachbarn. Ich habe beispielsweise immer gerne Zwiebeln und Kartoffeln zusammen gelagert – das war vollkommen logisch für mich. Was ich nicht wusste: Sie dürfen sich nicht vermischen, da dadurch das Verderben der beiden Sorten beschleunigt wird. Zudem sollte man Kohlehydrate wie Mehl und Brot von stark riechenden Gewürzen oder Soßen entfernt aufbewahren, da sie ganz schnell deren Geruch annehmen.

4 VORRÄTE ANLEGEN: RAUS AUS DER VERPACKUNG

Gleiche Gläser mit einer schönen Beschriftung sehen toll aus! Aber es gibt noch andere Gründe, warum ihr das Umfüllen von Lebensmitteln in Aufbewahrungsgefäße in Angriff nehmen solltet: Ungeziefer.

Viele Lebensmittel (z.B. Mehl) werden in Papiertüten abgefüllt, die eigentlich in „Einfamilienhäuser für Mehlmotten" umgetauft werden sollten. Wenn ihr Nahrungsmittel nicht innerhalb kürzester Zeit verbraucht, dann füllt sie um, damit sie nicht von Schädlingen befallen werden. Achtet aber darauf, dass die Gefäßöffnungen so geformt sind, dass ihr die Lebensmittel bequem entnehmen könnt.

5 WAS IST DRIN?

Wer mag, kann sein Nudelglas mit „Nudeln" beschriften. Ich liebe diesen Designfaktor sehr. Bei einigen Lebensmitteln ist es durchaus sinnvoll, da man den Puderzucker nicht auf den ersten Blick vom Mehl unterscheiden kann. Was viel wichtiger ist, ist jedoch das Datum des Kaufs oder Ablaufs. Eine Beschriftung mit Marker und Washi Tape geht schnell und ist sinnvoll. Wer die Nährwerte oder Inhaltsinformationen gerne behalten möchte, schneidet am besten die Verpackung auf und klebt den Zettel mit einem Stück Klebeband unten auf den Behälter. Wem die Optik nicht so wichtig ist, legt ihn direkt mit rein.

6 WIE VIEL PLATZ HABE ICH UND WAS IST MEIN ZIEL?

Was will ich eigentlich? Eine gut ausgestattete Speisekammer, die wochenlang Essen bietet, ohne dass man einkaufen muss? Ein schön anzusehendes Gewürzregal? Brauche ich Platz für das Essen einer Großfamilie oder lebe ich alleine? Das mag vielleicht alles banal klingen, aber ich kann euch verraten, dass es wirklich sinnvoll ist. Denn wenn ihr erst einmal wisst, was ihr braucht, dann könnt ihr gezielt euren Vorratsschrank planen und beispielsweise große Boxen für große Trockenfuttermengen einplanen oder offene Regale einrichten, auf denen ihr eure schön beschrifteten Gewürzgläschen dekoriert.

7 REIN UND RAUS – WAS MUSS DRIN SEIN?

Jetzt kommen wir zum Kern des Vorratsschrankes: Er soll Lebensmittel auf Vorrat halten. Damit wichtige Dinge immer im Haus sind oder man ein paar Tage ohne Einkauf über die Runden kommt. Das spart Zeit und Geld und sorgt für Entspannung.

Die Vorratskammer (oder das Regal) für „Anfänger" konzentriert sich auf Bequemlichkeit und enthält Back-up-Produkte für die meisten lagerfähigen Artikel wir Mehl, Kaffee, Soßen und Konserven. Sie funktioniert ganz einfach: Für jeden offenen Beutel, jede Schachtel oder jeden Karton enthält das Lager ein zweites Back-up-Produkt. Mit dem letzten Hauch Mayo wurde der Kartoffelsalat gemacht? Dann holt ihr das Ersatzglas aus der Vorratskammer und fügt „Mayo" zur Einkaufsliste der Woche hinzu, um das Vorratsgefäß zu ersetzen.

Im Internet kursieren sehr viele Listen, was man alles zu Hause haben sollte, um den perfekten Vorrat anzulegen. Das ist dann sinnvoll, wenn man sich noch nie mit diesem Thema beschäftigt hat, aber die Erfahrung zeigt: wer sich sklavisch an diese Listen hält, hat achtzehn Monate später staubige Dosen mit Aprikosenhälften, die niemals im Haushalt gegessen worden sind. Weil niemand sie mag.

Also macht unbedingt einen Reality-Check und überlegt, was ihr tatsächlich braucht. Denn die Vorräte jeder Familie hängen von ihrem speziellen Geschmack und ihren Bedürfnissen ab. Und auch der Lagerplatz und finanzielle Mittel wirken sich auf den Inhalt der „Speisekammer" aus. Vergesst nicht, dass Lebensmittel irgendwann verderben. Also lieber einmal mehr in den Laden gehen, als sie im Endeffekt zu verschwenden.

Tipp: Und noch ein persönlicher Tipp von mir: Zuerst standen meine Lebensmittel in einem Oberschrank und es war ein fürchterliches Hin- und Hergeschiebe, um an die Sachen zu gelangen. Ich habe sie dann alle in eine Schublade neben dem Herd umgezogen. Diese ist nicht nur größer und leichter zugänglich, sondern ich habe jetzt zusätzlich immer alles direkt griffbereit. Dafür wohnen Waffeleisen und Co. – also Dinge, die ich nicht so oft benötige – jetzt in dem kleinen Oberschrank.

Heute so wertvoll wie damals: Omas Tipps zum Lagern

ÄPFEL die bei Sonnenwetter gepflückt werden, müssen vor dem Einlagern erst abkühlen. Niemals warme Äpfel einlagern!

Wenn es der Platz erlaubt, sollten sich die Äpfel nicht berühren. So wird die Übertragung von schlechten Stellen von einem Apfel zum anderen erschwert.

MÖHREN UND ROTE BETE können sehr lange in Sand aufbewahrt werden. Einfach in einen Eimer mit Sand „eingraben".

SALAT lässt sich lange lagern, indem man den Strunk frisch anschneidet und in eine Schüssel mit Wasser stellt. Dabei sollte nur so viel Wasser in der Schüssel sein, dass der Strunk im Wasser steht, aber die Blätter nicht ins Wasser eintauchen.

ZWIEBELN UND KNOBLAUCH haben nichts im Kühlschrank zu suchen und sollten kühl, trocken und dunkel lagern. Am besten bewährt haben sich Tontöpfe. Die Deckel der Gefäße sollten ein paar Löcher haben, damit Luft rankommen kann.

KÜRBIS kann nach der Ernte (September/Oktober) bis ca. Dezember in einem kühlen, aber frostfreien Raum gelagert werden. Ideal sind 12 bis 16 Grad. Wer keinen Raum mit diesen Temperaturen hat, lagert Kürbisse besser wärmer als kälter, bis hin zu Zimmertemperatur.

RADIESCHEN halten sich sehr gut in Wasser. Einfach das Grün abschneiden, waschen und in ein Gefäß (z.B. ein Glas) mit Wasser legen.

IMMER FRISCHE EIER: Abwechselnd pro Woche einmal braune, einmal weiße Eier kaufen, so weiß man immer, welche die frischeren und welche die älteren Eier sind.

KAFFEEBOHNEN und auch gemahlener Kaffee bleiben im Kühlschrank oder Gefrierfach länger frisch.

PETERSILIE hält sich monatelang, ohne an Aroma zu verlieren, wenn sie fein geschnitten mit etwas Salz vermischt in einem festverschlossenen Glas aufbewahrt wird.

KUCHEN UND KEKSE bleiben in einer Blechdose frisch, in die man einen Apfel mit hineinlegt.

HARTKÄSE hält sich lange in einem mit Weinessig getränkten Tuch.

WARUM BASILIKUM ZU HAUSE IMMER SCHLAPP MACHT

Kennt ihr das Basilikum-Phänomen? Im Supermarkt sieht es knackig frisch aus. Schöne große Blätter. Aber sobald es ein, zwei Tage bei euch zu Hause auf der Küchenablage steht, hängen die Blätter schlapp herunter. Dann wird gegossen, was das Zeug hält, und trotzdem ist es innerhalb weniger Tage nur noch ein Schatten seiner selbst. Aber woran liegt das und wie schafft man es, Supermarktkräuter frisch zu halten?

Zu allererst: Es liegt weder am schlechten Küchenkräuterkarma eures Zuhauses noch an einem fehlenden grünen Daumen. Küchenkräuter aus dem Supermarkt haben keine großen Nährstoffreserven und sind auf den schnellen Verzehr hin gezüchtet. Quasi wie alles andere Gemüse auch – nur dass es noch einen Wurzelballen hat. Schon beim Transport aus dem Gewächshaus wird es arg mitgenommen, weil es zu wenig Licht, zu wenig Nährstoffe, zu niedrige Temperaturen bekommt. Bis es im Supermarkt ankommt, ist es bereits ziemlich geschwächt. Und ab dann geht es weiter bergab: Wird es von euch nun nicht optimal gepflegt, geht das Küchenkraut innerhalb von etwa ein bis zwei Wochen ein.

Aber eigentlich hatten wir es ja gekauft, damit wir eine nachhaltige Lösung haben, die immer wieder nachwächst. Also was tun?

LIEBE UND FEUCHTE FÜSSE

Wichtig für Basilikum ist eine gleichmäßige, leichte Bodenfeuchte und ein möglichst heller Standort. Bitte nicht zu Tode gießen, sondern immer nur wenig, dafür konstant. Mit ein bisschen Blattpflanzen-Flüssigdünger mit dem Gießen steigen die Chancen fürs Überleben. Ein weiterer Trick ist, das Basilikum zu vierteln, da ein Topf in der Regel mit zu vielen Sämlingen bepflanzt ist. Das kann wahre Wunder wirken, da Basilikum ein „hungriges Kraut" ist und Platz und Nährstoffe benötigt.

Was wir bei all der Liebe, die wir unserem Supermarkt-Basilikum zukommen lassen, nicht vergessen dürfen: Kräuter sind keine Zimmerpflanzen. Sie fühlen sich auf dem Balkon oder im Garten am allerwohlsten. Also setzt es am besten nach draußen in Töpfe oder in ein Beet. Hierbei ist es wichtig, das Basilikum langsam im Halbschatten an das Freiland zu gewöhnen, damit die Blätter nicht in der Sonne verbrennen.

Wer wirklich nachhaltige Kräuter haben möchte, zieht sie sich aus Samen selbst in guter Blumenerde. Kräutererde ist meist viel zu nährstoffarm.

Tipp: Beim Ernten auf keinen Fall überall einzelne Blätter abpflücken. Damit die Pflanze nachtreiben kann, komplette Triebe abkneifen.

GEHÄKELTER GEMÜSEKORB

ROBUST UND STYLISH

Dieser Korb kann was ab! Er ist richtig robust und der perfekte Aufbewahrungsort für Gemüse. Ich mag den Style so gerne, dass ich ihn auch im Bad oder als Blumenübertopf einsetzen würde. Gehäkelt ist er übrigens aus supergünstiger Paketschnur.

MATERIAL
- Häkelnadel Nr. 4
- 4 Knäuel Paketschnur

ERKLÄRUNG
- M = Masche
- LM = Luftmasche
- KM = Kettmasche
- ST = Stäbchen

BODEN:
- Runde 1: 6 LM, mit KM zur Runde schließen.
- Runde 2: 2 M in jede M arbeiten.
- Runde 3: 2 M in jede 2. M häkeln.
- Runde 4: 2 M in jede 3. M häkeln.
- Runde 5: 2 M in jede 4. M häkeln.
- Runde 6: 2 M in jede 4. M häkeln.
- Runde 7: 2 M in jede 5. M häkeln.
- Runde 8: 2 M in jede 6. M häkeln.
- Runde 9: 2 M in jede 7. M häkeln.
- Runde 10: 2 M in jede 8. M häkeln.
- Runde 11: 2 M in jede 9. M häkeln.
- Runde 12: 2 M in jede 10. M häkeln.

SEITE:
Runde 13–25: keine Zunahmen mehr machen und nur noch Stäbchen häkeln. Nun wird die „Wand" des Korbes gearbeitet.

HENKEL
- Für die Henkel 1 ST am Reihenbeginn häkeln, 15 LM für die Träger,
- 10 ST überspringen, je 1 ST in das nächste ST bis die Hälfte des Korbes umrandet ist, danach wieder 15 LM für die Henkel häkeln, wieder
- 10 ST überspringen, 1 ST bis zum Reihenanfang weiter ST häkeln.
- Nun noch eine Runde ST.
- Abmaschen und den restlichen Faden vernähen.

HÄNGEKÖRBE

FÜR DIE WAND

Luftig und ohne großes Eigengewicht – die Beutel aus Bastgeflecht sind die perfekten Aufbewahrungsbehälter für Zwiebeln und Knoblauch, aber auch für jede Menge Kleinkram, der in der Küche rumfliegt. Keine Angst vor dem Material: Der Bast lässt sich wunderbar nähen und ist sehr stabil, wenn man die Innennähte gut versäubert.

GRÖSSE:
- 43 cm x 46 cm

MATERIAL:
- Bastgeflecht, 70 cm x 40 cm
- Webband, 50 cm lang

1 Bast zusammenlegen und die Längsnaht schließen.

2 Die Bodennaht ebenfalls zusammen nähen.

3 Um einen Boden zu generieren, auf beiden Seiten des Bodens die Seiten- und Bodennaht auseinanderfalten und beide Nähte aufeinanderlegen. Die Ecken flachdrücken und jeweils bei 7 cm eine Quernaht absteppen.

4 Wer mag, kann das überstehende Dreieck abschneiden – dann sollten die Ränder jedoch mehrfach versäubert werden, damit alles schön stabil bleibt.

5 Den oberen Rand 2 cm einschlagen und absteppen.

6 Zum Schluss das Webband doppelt falten und am Rand feststeppen. Alternativ kann das Band auch gegenüberliegend wie ein Henkel angebracht werden.

BOXEN FÜR SCHUBLADEN UND REGALE

DIE PERFEKTE ORDNUNG

Wenn es darum geht, Ordnung im Schrank zu halten, dann braucht es Unterteilungen. Die Erfahrung zeigt jedoch, dass sowohl gekaufte Boxen als auch improvisierte aus Schuhkartons immer genau NICHT passen. Deswegen habe ich euch eine Faltanleitung herausgesucht, die ihr ganz genau an Packungsgrößen oder Schubladenabmessungen anpassen könnt. Basis ist immer der Boden, den ihr so groß wählen könnt, wie ihr ihn benötigt. Das Material ist Snap Pap, das im Gegensatz zu Karton waschbar und sehr robust ist – so kann ruhig auch mal etwas auslaufen.

GRÖSSE
- 12 cm x 12 cm x 16 cm

MATERIAL
- Snap Pap
- Etiketten nach Wahl

SKIZZE
- siehe Seite 103

1 Snap Pap zuschneiden und die Falze mit einem Falzbeil oder Lineal vorknicken.

2 An den markierten Stellen an den Querseiten Schlitze einschneiden.

3 Die breiten Seitenteile nach oben knicken und nach vorne umfalten. Ihr werdet merken, dass im vorderen Teil die Seitenteile überstehen. Knickt sie nach innen um, sodass das Kästchen mehr Stabilität bekommt.

4 Das vordere Seitenteil durch den ersten Schlitz nach innen ziehen.

5 Das vordere Seitenteil über den Rand knicken und dabei ein bisschen Luft lassen. Von dort durch den 2. Schlitz nach innen führen.

6 Label zum Beschriften nach Geschmack aufkleben.

HÄNGENDE OBSTKISTE

ZUM AUFBEWAHREN

Auch wenn es auf den ersten Blick simpel aussieht: Dieses Projekt ist aus unserer Küche nicht mehr wegzudenken. Es ist leicht umzusetzen und die perfekte Lagermöglichkeit für Obst und Gemüse, das nicht in den Kühlschrank kommt. Und auch bei größeren Mengen ist durch die Latten gewährleistet, dass immer genug Luft zirkulieren kann.

MATERIAL
- Alte Weinkiste
- Stabile Schnur (Paketband, Makrameegarn); hier: schwarze Paketschnur
- Auf Wunsch: Holzperlen
- Schere
- Metermaß
- Bohrmaschine
- Holzbohrer, 6 mm

1 Bohrt in die Hochkantträger jeweils ein Loch. Hier waren es 6 mm (die Größe kann bzw. muss je nach Material angepasst werden).

2 Falls Holzperlen verwendet werden, müssen sie einen der Schnur entsprechenden Durchmesser besitzen. Sollte die Perlenöffnung vergrößert werden müssen, kann man dies mit einem Bohrer machen. Achtung: Nie die Perle mit der Hand fixieren, da durch Abrutschen des Bohrers schwere Verletzungen möglich sind.

3 Nun wird das Band doppelt durch die Löcher gefädelt und mit Perlen verziert. Achtet darauf, dass die Abstände überall gleich sind. Wichtig ist auch, dass oben in der Mitte eine Schlaufe gebunden wird, an der die Box aufgehängt werden kann.

4 Danach kann die Box an einem oder zwei Haken aufgehängt werden. Bei zwei Haken erhöht sich die Stabilität, falls ihr auch schwerere Sachen hineinlegen möchtet.

KRÄUTERRING

ZUM TROCKNEN

Diese Methode zum Kräutertrocknen ist nicht nur praktisch, sondern sieht auch noch klasse aus! Ich habe mich für die kleinen Wäscheklammern entschieden, da man an ihnen die Kräutersträußchen gut anbinden kann. Wer mag, nimmt große Holzwäscheklammern und klemmt die Küchenkräuter zum Trocknen direkt darin ein.

GRÖSSE
- ø 25 cm

MATERIAL
Stickrahmen
- Kordel
- 9 kleine Wäscheklammern
- Faden
- Auf Wunsch: Holzperlen

1 Den Stickrahmen teilen und den Außenrahmen verwenden.

2 Nun 2x 2,5 des Durchmessers (??) an Kordel abschneiden.

3 Die Kordel mittig zusammenlegen und eine Schlaufe in der Mitte knoten.

4 Nun wird die Kordel an 3 oder 4 Stellen am Ring festgemacht – ihr könnt entscheiden, wie viele Fixpunkte ihr möchtet. Bei drei Punkten ist der Ring leichter auszubalancieren.

5 Kleine Wäscheklammern mit einem Faden anbinden.

Tipp: Kräuter trocknet man am besten in dunklen, gut gelüfteten und nicht zu warmen Räumen. Nach dem Trocknen die Kräuter in ein luft- und lichtundurchlässiges Gefäß umfüllen.

VERARBEITEN, MITNEHMEN UND UNTERWEGS FUTTERN

MEALPREP, PAUSENBROT & CO

In den letzten Kapiteln haben wir unsere Lebensmittel eingekauft, sorgsam verstaut und gut darauf geachtet, dass sie lange haltbar bleiben und wir sie nicht verschwenden. Jetzt geht es darum, dass wir sie zu leckeren Mahlzeiten für unterwegs verarbeiten und transportfähig machen.

Doch wie bekomme ich mein Essen gut verstaut mit ins Büro? Oder auslaufsicher in die Schule? Unser Pausensnack soll ja nicht nur sicher transportiert werden, sondern auch umweltfreundlich verpackt sein.

Dafür gibt es mittlerweile viele gute Varianten, die man kaufen kann, z. B. aus Edelstahl oder Bambus. Im ersten Schritt kann man ganz gemütlich nach der Pausenbrot-Dose greifen – das, was ihr bereits besitzt. Das ist die umweltfreundlichste und nachhaltigste Methode: erst einmal nutzen, was man schon hat. Oder man greift auf umweltfreundliche DIY-Ideen zurück. Denn auch hier gibt es einige Möglichkeiten, wie man Vorhandenes recycelt.

MITNEHMEN – ABER RICHTIG

Was ist das Wichtigste, wenn man Essen mitnimmt? Der Behälter! Denn es ist essentiell, dass dieser optimal an eure Bedürfnisse angepasst ist. Zum einen muss er auf jeden Fall fest verschließen. Ich empfehle immer, zusätzlich ein breites Gummiband drum rum zu schlingen, damit auch wirklich nichts aufgeht. Denn ich habe die Erfahrung gemacht, dass selbst der am besten verschlossene Behälter ab und an Freiheitsdrang bekommt und sich öffnet.

Zum anderen ist wichtig, dass er ausreichend groß ist. Nichts ist schlimmer als ein Minibehälter, in den wenig hineinpasst. Oder ein zu schmales Gefäß, in dem man angestrengt herumstochern muss, um von oben an den Boden zu gelangen. Schraubgläser (große!) sind toll, wenn man Suppe mitnehmen möchte. Die Flüssigkeit sorgt dafür, dass man an alle Komponenten gut herankommt. Würdet ihr dort jedoch eine Mahlzeit mit anderen Bestandteilen, wie Nudeln und Soße, einschichten, wird es schwierig, sie nachher zu durchmischen.

Daher sollten alle Behälter, in denen Mahlzeiten mit mehreren Komponenten transportiert werden, lieber breit als tief sein. Und diese Dosen benötigen das oben schon erwähnte breite Gummiband.

Was noch für einen Behälter wichtig ist? Er sollte nicht zu schwer sein und nicht leicht kaputt gehen. Letzteres kann man natürlich beeinflussen, indem man beispielsweise einen Glasbehälter in eine gepolsterte Verpackung steckt. So umweltfreundlich Glas ist, so schwer wiegt es jedoch beim Transport. Solltet ihr also kleinere Kinder haben, denen ihr Mahlzeiten mitgebt, dann achtet darauf, dass der Behälter ein geringes Eigengewicht hat.

TAKE AWAY

Esst ihr auch so gerne auswärts wie ich? Ich meine jetzt nicht das Müsli für die Frühstückspause im Büro, sondern Picknicks, Ausflüge und Restaurantbesuche. Ich liebe es – sehr zum Leidwesen meiner Familie, die nicht nachvollziehen kann, warum essen außerhalb der eigenen vier Wände besser sein soll. Aber für mich gibt es nichts Entspannenderes, als die eigene Küche mal zu verlassen. Oder auch mal etwas zu bestellen, falls man doch zu Hause bleiben will.
Ihr ahnt es schon: Alle oben genannten Essensvarianten haben ihre Tücken, wenn es um Nachhaltigkeit geht. Aber auch hier kann man mit ein paar Tricks durchaus Abfall vermeiden:

IM RESTAURANT

Sagt „NEIN". Nein zu Strohhalmen, kleinen Sticks in Cocktails, Tütchen für Ketchup und Senf und Nein zu Papierservietten. Das mag im ersten Moment ein bisschen unangenehm sein, aber mit einem charmanten Lächeln vorgetragen, wird sich der ein oder andere Restaurantbesitzer vielleicht zum Umdenken überreden lassen.

Wer „Nein" sagt, darf aber auch „Ja" sagen – zum Beispiel zum „Doggybag". Nehmt mit, was ihr nicht aufgegessen habt. Die Profis unter euch haben eine eigene Box dabei, in die das Essen umgefüllt werden kann. Habt kein schlechtes Gewissen oder peinliches Gefühl, denn ihr habt nicht nur dafür bezahlt, es würde ja auch komplett entsorgt werden. Und wir wollen ja gegen Lebensmittelverschwendung ankämpfen! Tatsächlich ist das gerade bei Restaurants mit großen Portionen wie beim Chinesen oder Inder toll, da man so oft eine komplette Mahlzeit für den nächsten Tag hat.

PICKNICK UND AUSFLUG

Wegwerfprodukte adé! Bringt statt Pappteller und -becher wiederverwendbares Geschirr mit. So praktisch Papiertücher gerade bei kleinen Kindern sind – Stoffservietten saugen meistens viel besser und sind selbstverständlich nachhaltiger. Auch Pommes kann man sich in eigene Behälter unterwegs einfüllen lassen und es gibt mittlerweile sogar Eisdielen, die mitgebrachte Becher akzeptieren.

UND WAS IST MIT DEM LIEFERDIENST?

Schnell mal zur Dönerbude? Dann nehmt eure eigene Box mit. Sucht euch Lieferanten aus, die in Pappe oder anderen umweltfreundlichen Boxen liefern. Man hat schnell den Dreh raus und kennt die Lieferanten, die darauf achten. Wer sich nicht sicher ist, der ruft vorher dort an und fragt einfach nach.

MEAL PREP FÜR DUMMIES ODER: ES IST EIGENTLICH GANZ EINFACH!

Häufig mache ich mir bereits am Anfang der Woche Gedanken, was ich an den folgenden Tagen koche möchte. Doch dann macht mir der Alltag einen Strich durch die Rechnung und am Ende verderben Lebensmittel im Kühlschrank. Ich hatte in den vorherigen Kapiteln bereits erwähnt, dass es sinnvoll ist, nur das einzukaufen, was man wirklich benötigt. Aber was brauchen wir tatsächlich?

WAS IST DAS EIGENTLICH?

Es ist tatsächlich sinnvoll, sich beispielsweise am Wochenende hinzusetzen und genau zu planen, welche Gerichte es unter der Woche zu essen geben soll. Früher nannte man das Kochen auf Vorrat, heute hat es den schicken Begriff Meal Prep bekommen. Das bedeutet nichts anderes, als für die Woche vorzukochen. Das ist eine ziemlich coole Sache und sehr sinnvoll. Sich einmal die Woche Zeit zu nehmen, um drei oder vier verschiedene Mahlzeiten vorzubereiten, die dann zu Hause oder im Büro oder in der Schule aufgewärmt werden können.

DIE PLANUNG

Es gibt ein paar Tricks, um wirklich sinnvoll zu planen. Zum Beispiel ist es zweckmäßig, die Mahlzeiten so zu organisieren, dass man beispielsweise mit Resten des Vortages das nächste Gericht gestaltet. Ein Beispiel: Wenn ihr montags etwas mit Nudeln kocht, dann eine große Portion. So könnt ihr dienstags damit einen Nudelsalat oder einen Auflauf machen. Ich möchte behaupten, dass das keine neue Erfindung ist, sondern unsere Eltern und Großeltern schon immer so gehandhabt haben.

Aber in unserer auf Überfluss ausgerichteten Welt, in der es zu jeder Zeit verfügbare Lebensmittel gibt, muss man sich erst einmal wieder bewusst machen, was sinnvolles Haushalten tatsächlich bedeutet.

Um eine Planung für die Woche machen zu können müsst ihr natürlich vorher wissen, wer was wann essen möchte und wer was mag. Der letzte Punkt ist wichtig, denn ein noch so ausgeklügelter Essensplan funktioniert nicht, wenn die Hälfte der Familienmitglieder sich doch lieber ein Brot macht, statt das Gekochte aufzuwärmen. Also setzt euch alle zusammen und macht eine Liste an Gerichten, die ihr alle mögt und gerne kocht.

SCHRITT 1:
WIE VIELE GERICHTE BRAUCHT MAN?

Sinnvoll sind für den Anfang circa 14 Gerichte, später auch bis zu 28. Das sind unterschiedliche Mahlzeiten für 14 beziehungsweise 28 Tage - also für zwei bzw. vier Wochen. So gibt es nicht ständig Wiederholungen. Dann überlegt euch, ob ihr einen bestimmten Tag einrichten möchtet. Damit meine ich den Nudel-Montag, den Taco-Dienstag oder den Pizza-Freitag. Was immer ihr oder eure Familie toll findet. Dieser Tag kann gerne jede Woche wiederholt werden, wobei die Rezepte ein bisschen variieren. Das ist nicht wirklich schwierig, da Nudeln mit unterschiedlicher Soße oder Pizzen mit jeweils anderem Belag

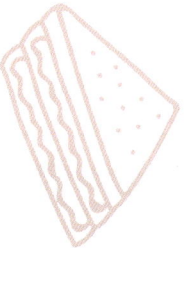

zubereitet werden können. Ihr könnt euch auch darauf einigen, dass ein Tag ein Bestelltag ist. Bei uns ist das der Sonntag. An diesem Tag habe ich wirklich keine Lust zu kochen.

SCHRITT 2:
DEN KALENDER BEFRAGEN

Diese festgelegten Tage könnt ihr dann schon mal in euren Essensplan für den Monat eintragen. Im besten Fall habt ihr dann bereits vier Tage geplant. Dann schaut ihr im Kalender, was an welchen Tagen geplant ist. Vielleicht ist es an einem Tag sinnvoll, etwas auf den Herd zu stellen, wovon sich jeder etwas nehmen kann, wenn er nach Hause kommt. Oder ihr schaut, ob es einen Tag der „kalten Küche" gibt.

SCHRITT 3:
REZEPTE VERTEILEN

Nun sucht ihr die passenden Rezepte, die ihr im Vorfeld schon zusammengetragen habt, aus und verteilt die Lieblingsgerichte eurer Familie gleichmäßig über die zwei bzw. vier Wochen. Plant sinnvoll. Damit meine ich die vorhin erwähnte Resteverwertung oder Ähnliches. Das klingt jetzt alles super kompliziert, aber wenn ihr einmal alles festgelegt habt, dann funktioniert das gut. Und in den folgenden Wochen muss auch nicht mehr die gesamte Familie zusammenkommen, um diesen Plan zu erstellen. Ich kann euch verraten, dass nach ein paar Wochen eine ganz tolle Routine eintritt.

SCHRITT 4:
KOCHEN

Nehmt euch einen entspannten Samstagnachmittag und schnibbelt alles klein, was ihr für die nächste Woche benötigt. Drei oder vier Mahlzeiten im Voraus zu kochen ist kein Hexenwerk und nimmt weniger Zeit in Anspruch, als wenn ihr jeden Tag von neuem startet. Macht es euch schön beim Kochen, geht entspannt an die Sache ran und ihr werdet sehen, wie viel Freude und Befriedigung es bereiten kann, am Ende die Gerichte in Container zu füllen und die Arbeit für eine Woche getan zu haben.

SCHRITT 5:
KÜHLEN UND PORTIONIEREN

Lasst die vorbereiteten Mahlzeiten abkühlen und füllt sie in passende Behälter um. Wenn ihr möchtet, könnt ihr im Vorfeld schon Essensboxen für einzelne Familienmitglieder vorbereiten. Ganz wichtig: Beschriftet sie! Schreibt drauf, was drin ist und für wann und wen die Mahlzeit geplant ist. So hat jeder immer Überblick über die Essensplanung.

Weitere Tipps: Geputzter und gewaschener Salat hält sich, wenn man beim Waschgang etwas Zitrone ins Wasser gibt. Dann den Salat trockenschleudern und ihn in einem geschlossenen Behälter verwahren.

3 wichtige Tipps zum Meal Prep

FRISCHE, UNGEKOCHTE LEBENSMITTEL sollte man innerhalb von zwei Tagen verzehren oder verarbeiten.

VORGEKOCHTE LEBENSMITTEL, die luftdicht verschlossen sind, halten sich drei bis vier Tage im Kühlschrank.

CLEVER SCHICHTEN BEIM SALAT: Dressing transportiert man am besten separat, festere Zutaten kommen nach unten und das zarte Gemüse, der Salat oder das Obst kommt als oberste Schicht.

„LEAF TO ROOT" GEGEN FOOD WASTE

Bei Zero Waste in der Küche und beim Einkauf denkt man im ersten Moment an nachhaltige Besorgungen und sinnvolles Planen von Mahlzeiten. Was aber, wenn man tatsächlich so wenig wie möglich Abfall produzieren möchte und das Verschwenden von Lebensmitteln schon lange vermieden wird?

Für alle Verwertungsprofis gibt es eine weitere Möglichkeit, noch nachhaltiger zu wirtschaften – quasi die Königsdisziplin im Verwerten und wenig Wegwerfen. „Leaf to Root" heißt der neue Trend, bei dem vom Blatt bis zur Wurzel alle Pflanzenteile beim Kochen genutzt werden.

Ganz so neu ist das eigentlich nicht, da man schon früher den kompletten Verzehr von Gemüse kannte, weil er eine Notwendigkeit zum Überleben war. Man nutzte möglichst alle Pflanzenteile, für die man hart gearbeitet hatte. Heute erleben die „Abfälle" wie Wurzeln, Schalen, Stiele und Strünke eine richtige Renaissance im Kochtopf. Kein Wunder, sie schmecken nicht nur besonders aromatisch, in ihnen stecken auch jede Menge gesunder Nährstoffe.

ALLES EINFACH REIN IN DEN TOPF?

Wer alle Teile eines Gemüses verarbeiten möchte, sollte unbedingt eine wichtige Regel beherzigen: Kaufe dein Obst und Gemüse nur bei Bauern und Erzeugern, die du entweder persönlich kennst oder denen du vertrauen kannst. Man muss sich darauf verlassen können, dass sie keine Spritzmittel nutzen. Denn die Giftstoffe lagern sich häufig gerade in den äußeren Blättern oder den Wurzeln ein. Der Bereich direkt unter der Schale enthält besonders viele Nährstoffe. Bei vielen Gemüsesorten lässt sich die Schale einfach mitessen, wie zum Beispiel Möhren- oder Kohlrabischalen.

Junges Gemüse ist für den Anfang am besten geeignet, weil die Fasern weicher und leichter verdaulich sind. Denn eines muss uns bewusst sein: Es ist eine Umstellung für unseren Körper. Wer Leaf to Root ausprobieren möchte und größere Mengen Ballaststoffe nicht gewohnt ist, sollte es langsam angehen, um Darmrumoren zu vermeiden.

Die Vielfalt an „neuen" Nahrungsmitteln ist übrigens beeindruckend: Das Grün des Spargels, die Blätter der Schwarzwurzel, die Triebe von Lauch oder die Wurzeln von Grünkohl sind tolle Zutaten für vegetarische Experimente. Viele Smoothie-Liebhaber werfen übrigens schon lange einiges in ihren Mixer, was bei anderen in der Biotonne landet: die zarten Blättern von Möhren, Kohlrabi, Radieschen oder Rote Bete.

FIRST UND SECOND CUT

Bei der Zubereitung von Gemüse landet üblicherweise ein großer Anteil im Biomüll. Das, was nun normalerweise gekocht wird, gilt als „first cuts". „Second cuts" sind die bisher nicht verwendeten Teile wie Blätter, Strünke oder Stängel. Ab dann wird es kreativ, denn nicht alle Pflanzenteile, die nun verarbeitet werden, schmecken so wie erwartet. Das Grün der Möhren ist als Gemüse nicht lecker, schmeckt beispielsweise aber in einer Gemüsebrühe ganz gut.

Wichtig: Nicht alle Pflanzen sind dafür geeignet! Nachtschattengewächse wie Tomaten enthalten in ihren Blättern und Stielen Solanin, ein Glykoalkaloid mit leicht toxischer Wirkung, das auch in den grünen Teilen der Kartoffel vorhanden ist. Zusätzlich ist es wichtig, alles wirklich gut zu waschen. Denn das Blattgrün ist in der Landwirtschaft nicht für den Verzehr vorgesehen und kann zum Beispiel Kolibakterien durch die natürliche Düngung mit Pferde- oder Kuhmist enthalten – also ist penible Hygiene besonders angesagt.

Mein Tipp: Alle, die sich für diese Art der Verwertung und Ernährung interessieren, sollten sich vorher eingehend informieren. Es gibt einige gute Webseiten und Kochbücher, die sich dieses Themas annehmen und überraschende Verwertungsrezepte zeigen.

NUR FÜR VEGETARIER?

Für alle Fleischfreunde: Das Pendant zu „Leaf to Root" ist übrigens „Nose to Tail", bei dem alle Teile von der Schnauze bis zum Schwanz verarbeitet werden, um das Tier in seiner Gesamtheit zu respektieren. Das komplette Tier zu nutzen, war auch hier in der Vergangenheit selbstverständlich und ist in unserer Überflussgesellschaft in Vergessenheit geraten. Ziel der Rückbesinnung ist es, alle Teile von einem Schwein, Rind oder Kalb zu verwenden und Tiere sowie Produzenten neu wertzuschätzen. Hierfür kann man z. B. zu mehreren eine ganze Kuh kaufen, und erst wenn alles einen Abnehmer hat, wird diese geschlachtet.

ZU GUTER LETZT: WIE ÜBERZEUGE ICH MEINE FAMILIE?

Ihr habt immer die eigene Einkaufstasche dabei, lagert die Lebensmittel so, dass sie lange halten, und habt den Kampf gegen Food Waste aufgenommen? Sehr gut! Aber sobald ihr nicht aufpasst, bringt der Mann eine Tüte aus dem Supermarkt mit, das Kind wirft sein Essen in der Schule weg und der Teenie ist nicht zu überzeugen, dass ihr weniger Probleme mit einem heimlichen Bier als mit dem Brot in Alufolie habt. Also was tun?

Eines ist klar: Vorwürfe sind nicht zielführend. Und auch Wutausbrüche wegen eines mit nach Hause gebrachten Kassenzettels (die meisten sind auf Thermopapier gedruckt) führen eher zu Augenrollen beim Gegenüber als zu einer Verhaltensänderung.

Wenn ihr aber auf euer eigenes Handeln und euren eigenen Umgang mit Ressourcen achtet, dann bringt dies als Vorbild sehr viel mehr als mahnende Worte oder Vorträge. Oft ist es auch mangelndes Hintergrundwissen, das zu einem nachlässigen Handeln führt. Gerade Kinder lassen sich von Dokumentationen sehr beeindrucken und verstehen danach besser, warum die Plastikfolie zukünftig vermieden werden sollte. Kinder lieben es zudem, wenn man gemeinsam mit ihnen bastelt oder näht. Die zusammen hergestellten Projekte integrieren sie danach umso lieber in ihren Alltag.

NÖRGELN HILFT NIE

Jedenfalls nicht in unserer Familie. Denn nach dem zweiten Rumnörgeln über irgendwas stehen alle Ohren im Haushalt auf Durchzug. Loben dagegen hilft! Dankbarkeit und Ermutigung sind sehr viel effektiver und wenn es mal nicht funktioniert, dann bietet eure Hilfe an.

STREBER KANN NIEMAND LEIDEN

Erinnert ihr euch an die Schule und an die Mitschüler, die immer alles konnten? Frustrierend, oder? Und so ist es auch mit den Themen Nachhaltigkeit und Zero Waste. Wertschätzt, was andere leisten, auch wenn es nicht euren Maßstäben entspricht.

KLEINE PAUSEN-BROTTASCHE

FÜR UNTERWEGS

Bei uns ist dieser Beutel permanent im Einsatz – im Büro für meine Energiekugeln, in der Schule und auf dem Spaziergang für Hunde-Leckerlies. Sie können wirklich super nach Wunsch und Besitzer gestaltet werden und sind ratzfatz genäht – ich bin irgendwann in Großproduktion gegangen, weil alle mir bekannten Hundebesitzer neidisch waren ...

GRÖSSE
- 18 cm x 19 cm

MATERIAL
- Baumwollstoff, 47 cm x 23 cm
- Wachstuch, 42 cm x 18 cm
- Klettverschluss, 2x ca. 4 cm
- Lederstreifen, 2,5 cm x 4 cm

1 Beide Stoffe rechts auf rechts legen und das Wachstuch unten mittig ausrichten, sodass rechts und links gleichmäßig viel Baumwollstoff übersteht.

2 Die untere Naht schließen.

3 Wenden und vorsichtig die beiden Lagen auf der Baumwollseite links auf links bügeln.

4 Bei ca. 17 cm von unten umschlagen und umbügeln, von oben ca. 4cm umschlagen und bügeln.

5 Klettband auf den Umschlag innen und die Taschenaußenseite nähen.

6 Die obere Kante über das Wachstuch einschlagen und festnähen.

7 Nun die Seitennähte nach innen schlagen und knappkantig feststeppen.

VERARBEITEN, MITNEHMEN UND UNTERWEGS FUTTERN

WASSERFESTE BEUTEL

FÜR DEN LUNCH TO GO

Diese Taschen sind die großen Brüder der kleinen Brottaschen. Innen mit Wachstuch ausgestattet, kann man sie nicht nur als Frühstücksbeutel benutzen, sondern auch als kleine Kulturtaschen oder Mini-Windeltaschen.

GRÖSSE
- 21 cm x 28 cm

MATERIAL
- Leinenstoff, 30 cm x 80 cm
- Wachstuch, 30 cm x 80 cm
- Klettverschluss, ca. 4 cm
- Lederstreifen, 2,5 cm x 4 cm

1 1x Vorderseite und 1x Innenseite ausschneiden.

2 Nun das Wachstuch rechts auf rechts quer zusammenfalten und die beiden Seiten knappkantig zunähen, wobei auf einer Seite eine Wendeöffnung frei gelassen wird.

3 Den Stoff so auseinanderziehen und zusammenfalten, dass die beiden kurzen Bodenseiten aufeinanderliegen.

4 Boden knappkantig abnähen.

5 Außenstoff ebenfalls an den Seiten zusammennähen (hier brauchen wir keine Öffnung) und die Bodennaht schließen.

6 Beide Taschen folgendermaßen ineinander stellen: Außenstoff rechte Seite nach innen, Innenfutter rechte Seite nach außen.

7 Beide Taschen am oberen Rand zusammennähen.

8 Taschen wenden und ineinanderschieben.

9 Klettverschluss außen auf der Vorder- und Rückseite aufnähen und zur Dekoration den Lederstreifen anbringen.

MENÜPLANER UND EINKAUFSZETTEL IN EINEM

PRAKTISCHES 2-IN-1-VERFAHREN

Was gibt es wann? Mit diesem Menüplaner sieht man auf den ersten Blick, was es in der nächsten Woche zu Essen geben wird. Steht der Plan erstmal, dreht man die Gabeln um und muss die Zutaten für die einzelnen Gerichte nur noch auf den Einkaufszettel übertragen.

GRÖSSE
- in unserem Fall (ohne Griff) 30 cm x 40 cm

MATERIAL
- Holzgäbelchen – unsere sind ca. 15 cm lang
- Holzplatte - in unserem Fall ein gebrauchtes Flammkuchentablett (ohne Griff) 30 cm x 40 cm
- Gummiband, rund 50 cm lang
- Bohrmaschine
- Holzbohrer, in unserem Fall 4 mm & 6 mm
- Dünner Filzstift
- Bleistift

1 Sucht eine dekorative Holzplatte oder ein Schneidebrett – wir haben ein Flammkuchenbrett dafür verwendet.

2 Beschriftet die Gäbelchen mit je einem eurer Lieblingsgerichte und vermerkt auf der Rückseite die wichtigsten Zutaten.

3 Legt 7 Holzgabeln auf das Brett und legt fest, wo die Gabeln und die Beschriftung angebracht werden sollen.

4 Markiert die Bohrpunkte – hier wurde für die Gabeln ein 3-cm-Abstand gewählt.

5 Bohrt die 14 Löcher im Durchmesser etwas größer als der Durchmesser des Gummibandes (in unserem Fall 4 mm).

6 Bohrt zwei Löcher als Halterung (in unserem Fall 6 mm)

7 Fädelt das Gummi durch die Löcher und knotet es hinten zusammen, damit sich der Druck gleichmäßig verteilt.

8 Jetzt das Wochenmenü besprechen und die entsprechenden Gabeln in die jeweilgen Wochentage stecken.

Mo Di Mi Do Fr Sa So

- Lasagne
- Kartoffeln, Olivenöl, Karotten, Zucchini, Gemüse der Saison, Kräuterquark
- Fischstäbchen mit Kartoffelpüree
- Hühnchen Curry mit Reis
- Milchreis mit Kirschen
- Gnocci mit Pesto
- vegane Pancakes

Pizzateig, Tomatensauce, Käse, Gemüse, Schinken, Salami

ESSENSGLAS

FÜR MEAL PREP UND DIE MITTAGSPAUSE

Wer mittags schon mal einen Salat gegessen hat, auf den morgens um 7 Uhr das Dressing gekippt wurde, der weiß, wovon ich spreche: Salatmatsch. Damit das nicht mehr passieren kann, ist dies eine wirklich simple Idee ohne großen Aufwand. Und nicht nur Salat weicht nicht mehr durch, auch Bowls und Müsli freuen sich über separat transportierte Soßen und Milch.

MATERIAL
- Großes Glas mit Schraubverschluss, 1,7 l und 1 l
- Kleines Glas mit Schraubverschluss, 120 ml
- Starker Kleber (ungiftig!)

1 Klebt den Deckel des kleinen Glases mittig in den des großen Glases. Achtet darauf, dass der Klebstoff ungiftig ist.

2 Gut trocknen lassen.

3 Flüssigkeit in das kleine Glas füllen und dieses in das große Glas stellen.

4 Trockene Lebensmittel in das große Glas geben. Beides zusammen zuschrauben.

Tipp: Salat kann sogar zwei bis drei Tage im Voraus (ohne Soße) vorbereitet im Kühlschrank lagern.

VERARBEITEN, MITNEHMEN UND UNTERWEGS FUTTERN 101

GUMMIRING

FÜR EINEN SICHEREN TAKEAWAY-TRANSPORT

Die Dose ist dicht, der morgendliche Elan groß – und der Doseninhalt ergießt sich in die Tasche. Der zukünftige Wächter über die Transportbehälter ist ruckzuck genäht und zählt bei uns im Haushalt mittlerweile zu den „Must-haves".

MATERIAL
- 2 Gummibänder, Länge nach Wahl entsprechend vorhandener Dosen
- Ledersticker oder Lederband

1 Zwei Gummibänder zuschneiden, feststecken und über Kreuz zusammennähen.

2 Ledersticker ausschneiden oder ausstanzen.

3 Auf die Naht kleben oder nähen.

Tipp: Die drei Zauberworte für gelungenes Meal Prep lauten immer:
1. Planung
2. Einkauf
3. Vorkochen

Und wenn die eigenen Kreationen nicht schon nach ein paar Tagen zu langweilig werden sollen, empfehle ich Punkt 4: Variationen!

SKIZZEN

60 cm

10 cm

5 cm

Seite 28: Das Platzwunder

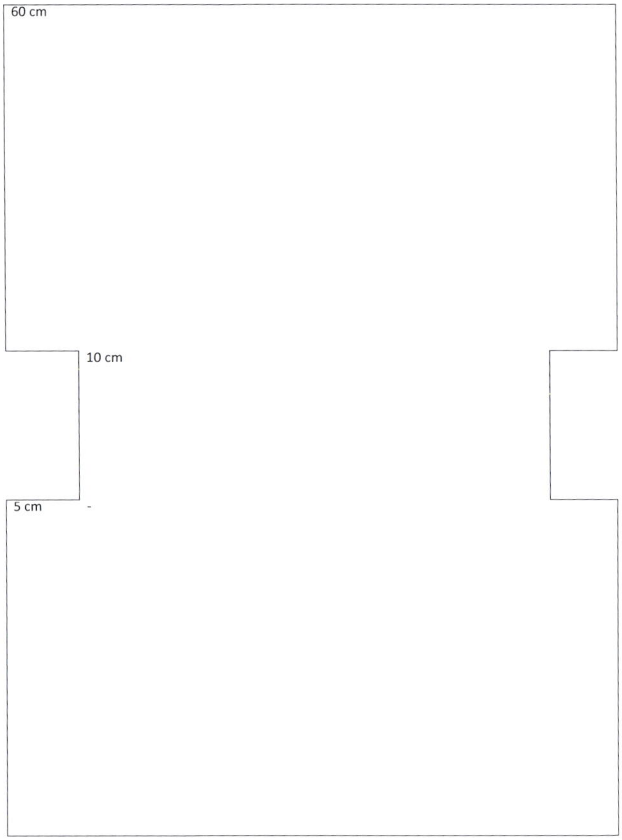

Seite 40: Das Beeren-Deckelchen

B		B
A		A
C		C

Seite 79: Boxen für Schubladen und Regale

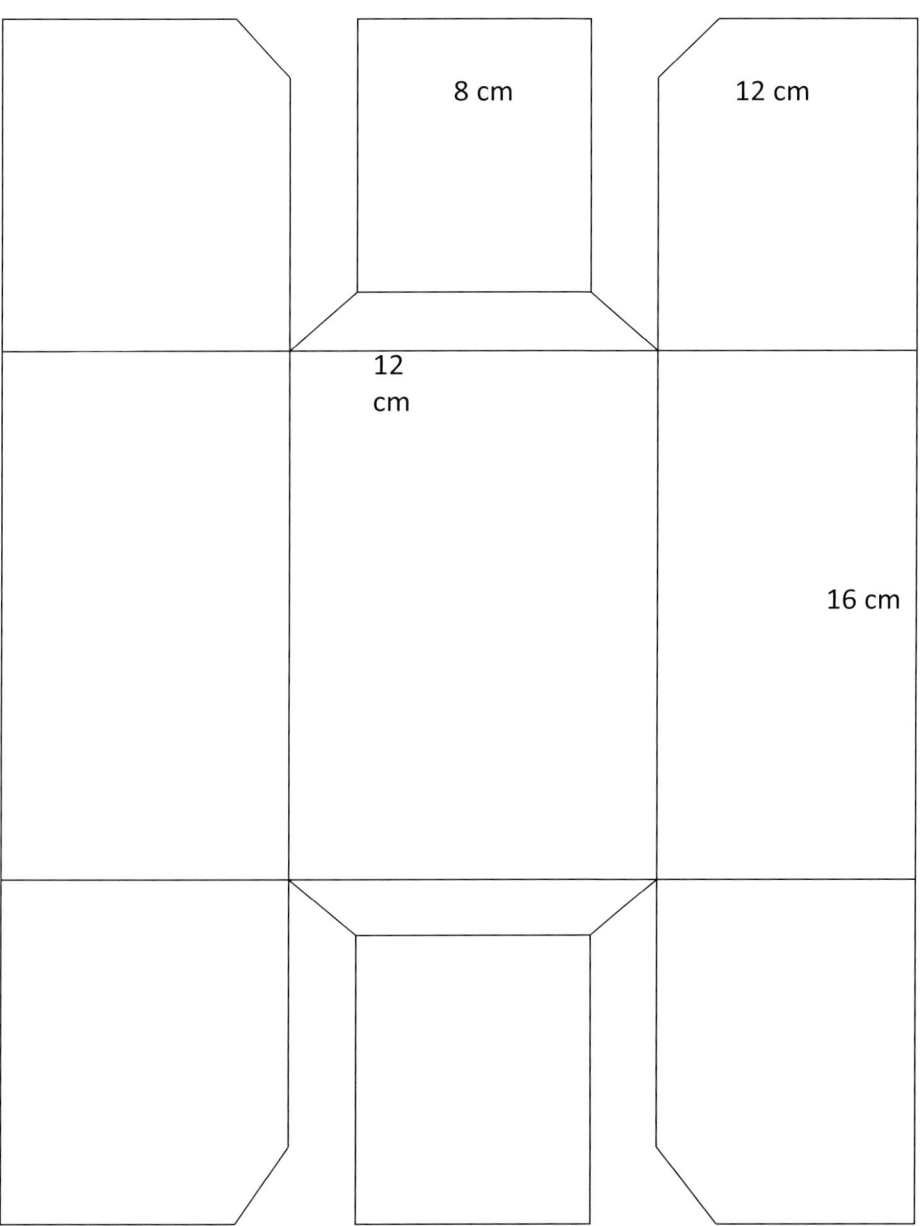

8 cm

12 cm

12 cm

16 cm

Noch mehr zum Thema Nachhaltigkeit und Zero Waste gesucht?

ISBN 978-3-7724-4524-8

ISBN 978-3-7724-4537-8

ISBN 978-3-4528-6

ISBN 978-3-7724-7806-2

ISBN 978-3-7724-4510-1

ISBN 978-3-7724-4492-0

Oder willst du mal etwas Neues ausprobieren?

ISBN 978-3-7724-4493-7

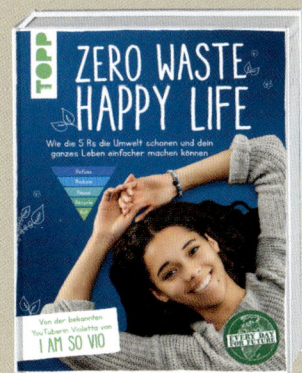

ISBN 978-3-7724-4500-2

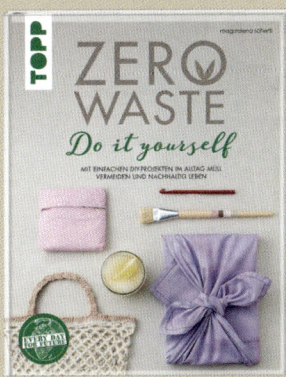

ISBN 978-3-7724-7158-2

ISBN 978-3-7724-8159-8

ISBN 978-3-7724-4491-3

ISBN 978-3-7724-1811-8

ISBN 978-3-7724-4976-5

NOCH MEHR KREATIV-BÜCHER FINDEST DU AUF WWW.TOPP-KREATIV.DE

IMMER INFORMIERT, IMMER INSPIRIERT – DIE GANZE WELT VON TOPP AUCH IM NETZ

Webseite

Die neuesten Trends, die schönsten Kreativbücher und die aktuellsten Informationen auf unserer Webseite Schaue mal vorbei und stöbere in unserem riesigen Angebot von mehr als 1000 Kreativbüchern, Sets und mehr:

www.TOPP-kreativ.de

Newsletter

Bunt, überraschend und immer aktuell – immer auf dem Laufenden mit unserem Newsletter Noch heute anmelden und regelmäßig Informationen, Tipps und Neuheiten erhalten:

www.TOPP-kreativ.de/Newsletter

Facebook

Werde Teil unserer Communitys Mitstrickzentrale fürs Handarbeiten und Bastelzentrale für die Themen Basteln, Bauen, Dekorieren & DIY. Du findest uns unter:

www.facebook.com/Mitstrickzentrale
www.facebook.com/Bastelzentrale

Digitale Bibliothek

Tutorial-Videos, Plotter-Dateien, Vorlagen zum Ausdrucken, Übungsblätter etc. Zu vielen TOPP-Büchern gibt es digitale Extras. Schau im Impressum nach (die letzte Seite des Buches): Wenn dort ein Freischaltcode abgedruckt ist, dann besuche die Digitale Bibliothek auf unserer Webseite, registriere dich einmalig und schalte deine Zusatzmaterialien frei:

www.TOPP-kreativ.de/DigiBib

Instagram

Live dabei mit ständig aktuellen News aus dem frechverlag Willst du wissen, was bei uns gerade passiert und woran wir arbeiten? Dann folge uns auf Instagram. Möchtest du uns an deinen Kreativprojekten teilhaben lassen? Dann poste doch gleich ein Foto mit dem Hashtag **#frechverlag** und wir stellen dein Werk gerne der Community vor:

www.Instagram.com/frechverlag

Pinterest

Neue Bücher, neue Ideen und die Menschen, die sie machen Du bist auf der Jagd nach den neuesten Ideen und aktuellen Trends im DIY-Bereich? All das gibt es auf den Pinnwänden des frechverlags unter:

www.Pinterest.com/frechverlag

Youtube

Ein Video sagt oft mehr als tausend Worte Du möchtest neue Techniken ausprobieren, Autoren kennenlernen oder einmal hinter die Kulissen unserer Buchproduktionen schauen? Dann abonniere den Kanal des frechverlags unter:

www.YouTube.com/frechverlag

Wer wir sind, wie wir arbeiten, was wir lieben...

Folge uns auf Instagram, Facebook und Pinterest, um mehr über uns und unsere Arbeit zu erfahren und immer mit den neuesten Informationen versorgt zu sein.

Alle News, alle Infos und alle Links findest du auf www.TOPP-kreativ.de

SABINE HAAG liebt als studierte Buchwissenschaftlerin Worte und Texte. Dazu bewahrte sie sich aus ihrer Kindheit ihre Begeisterung für Ordnung. Seit 2009 verbindet sie diese beiden Leidenschaften auf ihrem Blog **Ordnungsliebe.net,** wo sie praktische und motivierende Tipps rund um das Thema Organisieren gibt. Zusammen mit ihrem Chaosteam (1x Musiker + 1x Teenager) lebt sie in Mainz und träumt neben einer aufgeräumten Wohnung von einem eigenen Raum für ihre DIY- und Nähprojekte und mehr Zeit für alle Ideen und Buchprojekte. Wer hautnah verfolgen möchte, ob ihre Familie zu Ordnung erzogen werden kann, kann ihr unter www.ordnungsliebe.net folgen.

Kreativ-Hotline

Hilfestellung zu allen Fragen, die Materialien und Bücher zu kreativen Hobbys betreffen:
Frau Erika Noll berät euch.
Ruf an oder schreib eine E-Mail!

Telefon: 0 50 52 / 91 18 58*

*normale Telefongebühren

E-Mail: mail@kreativ-service.info

Dank

Ich habe es in der Einleitung schon erwähnt: Ich hatte zwei fleißige Helfer, die meine DIY-Ideen auf Machbarkeit und einfaches Umsetzen getestet haben. Sophie, du warst mein DIY-Fels! Zusätzlich haben die beiden dafür gesorgt, dass ich nicht verhungere und die Wohnung komplett im Chaos versinkt. Und gegen meinen steifen Nacken hat Frieda gearbeitet, die trotz knappen Zeitplans immer auf ihrer Gassirunde bestanden hat. Tausend Dank, Konfettiregen und Käse bis zum Umfallen!

Danke auch an meine Freunde, die mich anfeuern und mich noch nicht aus ihrem Adressbuch gestrichen habe, wenn ich mal wieder im Schreibtunnel bin. Und natürlich auch an meinen Verlag, der mir immer wieder die Chance gibt, meine Buchleidenschaft als Autorin zu verwirklichen. Merci an euch alle!

Wir danken den folgenden Herstellern für die Unterstützung mit Materialien: Faber Castell, Stein; Rico GmbH, Kempten; Rayher Hobby GmbH, Laupheim; buttinette Textil-Versandhaus GmbH, Wertingen.

Wir danken dem Unverpacktladen Schüttgut in 70197 Stuttgart für die Bereitstellung des Ladens für das Cover- und Stimmungsfotos.

Impressum

Fotos: Michael Ruder, lichtpunkt, 70176 Stutgart
Shutterstock: Adisa (S.12, # 107573939), Andrey_Popov (S.48, # 1282479736), Anna_Pustynnikova (S.45, #1028487607), AtlasStudio (S.44, #1762963667), Elena Veselova (S.87, #1069332170), Fevziie (S.10, #1337835047), j.chizhe (S.18, #1499488313), Linda Bestwick (S.88, # 695936533), Mikhailov Studio (S.68, #1741532006), Natalia Deriabina (S.43, #1520407739), Yala (S.73, #1779427133)
Vignetten und Symbole: AVIcon (#1781130347), ctrlaplus (#386794750), Nsit (#1358480501) / icons: freepik
Projektmanagement und Lektorat: Eva Schrecklinger
Layout: Katrin Röhlig / Dagmar Herrmann, two-up
Herstellung: Katrin Röhlig
Umschlaggestaltung: Eva Grimme unter Verwendung eines Fotos von Michael Ruder, lichtpunkt, 70176Stuttgart
Druck und Bindung: PNB Print Ltd, Lettland

COPYRIGHT

Materialangaben und Arbeitshinweise in diesem Buch wurden von den Mitarbeitern des Verlags sorgfältig geprüft. Eine Garantie wird jedoch nicht übernommen. Der Verlag kann für eventuell auftretende Fehler oder Schäden nicht haftbar gemacht werden. Das Werk und die darin gezeigten Modelle sind urheberrechtlich geschützt. Die Vervielfältigung und Verbreitung ist, außer für private, nicht kommerzielle Zwecke, untersagt und wird zivil- und strafrechtlich verfolgt. Dies gilt insbesondere für eine Verbreitung des Werkes durch Fotokopien, Film, Funk und Fernsehen, elektronische Medien und Internet sowie für eine gewerbliche Nutzung der gezeigten Modelle. Bei Verwendung im Unterricht und in Kursen ist auf dieses Buch hinzuweisen.

1. Auflage 2021

© 2021 frechverlag GmbH, Turbinenstraße 7, 70499 Stuttgart

ISBN: 978-3-7724-4523-1 • Best.-Nr. 4523

DIE 7 WICHTIGSTEN REGELN, UM VORRÄTE PERFEKT ZU LAGERN

1. „Like with Like" ist die am meisten genutzte Ordnungsstrategie, die Vorratskammer zu organisieren. Auf gut Deutsch: Gleiches zu Gleichem. Also Flüssiges wie Öle, Essig und Soßen zusammen, Gewürze nebeneinander, Brotaufstriche zusammen und Pasta an einer Stelle.

2. First-In-First-Out – Sortiert eure Lebensmittel so, dass neu gekaufte Sachen nach hinten gestellt werden. So vermeidet man, dass Sachen schlecht werden, von denen man mehrere Einheiten besitzt.

3. Auf gute Nachbarschaft: Manche Lebensmittel sind einfach keine guten Nachbarn – achtet darauf, dass alles neben Dingen steht, die sich nicht negativ beeinflussen (Geruch, Ausdünstungen etc.).